中國學術思想 研究輯刊

八 編

林 慶 彰 主編

第 2 冊

攝王於禮、攝禮於德
——荀子之智德及倫理社會建構之意涵

張 勻 翔 著

花木蘭文化出版社

國家圖書館出版品預行編目資料

攝王於禮、攝禮於德——荀子之智德及倫理社會建構之意涵
／張勻翔 著 — 初版 — 台北縣永和市：花木蘭文化出版社，
2010〔民99〕
目 2+154 面；19×26 公分
（中國學術思想研究輯刊 八編；第2冊）
ISBN：978-986-254-186-9（精裝）
1.（周）荀況　2.學術思想　3.道德　4.倫理學　5.研究考訂
121.27　　　　　　　　　　　　　　　　　　　　99002337

ISBN - 978-986-2541-86-9

9 789862 541869

中國學術思想研究輯刊
八 編 第 二 冊
ISBN：978-986-254-186-9

攝王於禮、攝禮於——荀子之智德及倫理社會建構之意涵

作　　者　張勻翔
主　　編　林慶彰
總 編 輯　杜潔祥
出　　版　花木蘭文化出版社
發 行 所　花木蘭文化出版社
發 行 人　高小娟
聯絡地址　台北縣永和市中正路五九五號七樓之三
　　　　　電話：02-2923-1455／傳真：02-2923-1452
網　　址　http://www.huamulan.tw 信箱 sut81518@ms59.hinet.net
印　　刷　普羅文化出版廣告事業
封面設計　劉開工作室
初　　版　2010 年 3 月
定　　價　八編 35 冊（精裝）新台幣 58,000 元

攝王於禮、攝禮於德
——荀子之智德及倫理社會建構之意涵

張勻翔　著

作者簡介

張勻翔，輔仁大學哲學博士，國立中央大學哲學碩士，曾任中原大學宗教研究所博士後研究員，現爲亞東技術學院通識教育中心助理教授、國立臺灣大學中國文學系兼任助理教授。學術專長爲中國哲學與倫理學。著有〈「經典導向的核心課程」的合理性〉、〈本於立人道之荀子「不求知天」與「知天」觀之智德內涵〉、〈傳統評價《荀子》及發展荀學的背後心態〉、〈荀學對道德生命的「化」觀〉等單篇論文十餘篇。另合著有《道德推理》、《哲學與人生》等書。

提　　要

　　本研究「攝王於禮、攝禮於德——荀子之智德及倫理社會建構之意涵」目的在跳脫傳統以孟子爲正宗儒家來解讀荀子的詮釋架構；另開以德行倫理學的視角重新審視荀子的思想，以荀子的智德思想爲研究主題，並且對於他由智德的陶成所開拓成的社會倫理所具有的真正意涵予以釐清，同時亦針對荀學的智德與西方德行倫理學傳統之核心概念——亞里斯多德的智德進行比對，就以對照出中西方兩種智德觀的不同與一致處。這項工作可爲當代的孔學現代化提供新的可能性。

　　荀子思想雖然一直持續發展著，然漢代、宋明、明末以及清代對荀子的評價卻不算是真正的體認。此外，時人批判當代「中學西解」的荀子研究，論者以爲並不公允；強調智德的荀子思想實可以德行倫理學來詮釋。本研究認爲，荀子爲緩和的主智精神，「智」德爲一種可進行認識、分析、推理、與權衡倫理實踐的理智德行。「智」德的陶成與自然生命轉爲理想生命有著密切關係，社會的正理平治亦要求君王必須具備「智」德。是此，「明天人之分」、「法先王」、「法後王」、「禮」、「類」等重要概念，當再重新進行認識，以明荀子智德思想及其社會倫理建構之究竟意涵，論者希就此研究爲當代會通荀子與孟子的嘗試，提供可能的途徑。

目

次

第一章 導 論

　　本研究題爲「荀子之智德及社會倫理建構之意涵——以攝王於禮、攝禮於德爲核心」，共計五章。論者認爲「智」德爲荀學的核心，本論文的撰寫即以其核心作爲開展。本章共分二節：一、研究背景與動機；二、理解荀學爲德行論的中學西解。《荀子》或荀學，作爲儒家的一部份，一直以來都持續進行著。但是，他未嘗被眞正的認識；這使得持續進行的他，無法得到屬於他的合理評價。從思想史的角度來看，對於荀學的理解，由於陷於一定的詮釋的思維框架，因而使得持續進行的荀學，未能被眞正的把握；因是，更枉論荀學能夠得到屬於他的合理評價。當今，儒學的發展已不再只談孟、避談荀。今日的儒家發展已不再只尊孟、亦揚荀。是以，荀學得到被重新認識的機會。再者，思想的再生必然需與時代的氛圍產生對話：藉托其不可變動的主幹發展出適用於現代的需要。歸之，在再論荀學、爲荀學重做認識之際，必須要能夠擺脫傳統用以認識荀學的思維框架，方能釐清荀學、方能找出荀學最主要的核心，並依此來爲荀學可能具有的當代意義提出合理的指出。當然，這項工作的落實，還得必須確立詮釋進路的合理性。以下，擬分兩節說明：一、研究背景與動機；二、理解荀學爲德行論的中學西解。

第一節　研究背景與動機

　　相較於孟子，荀子〔註1〕的歷史定位與他的歷史命運是曲折的，此緣自於

────────────

〔註 1〕 《史記‧孟子荀卿列傳》載：「荀卿，趙人。年五十始來遊學於齊。騶衍之術
　　　　迂大而閎辯；奭也文具難施；淳於髡久與處，時有得善言。故齊人頌曰：『談
　　　　天衍，雕龍奭，炙轂過髡。』田駢之屬皆已死。齊襄王時，而荀卿最爲老師。

思想家視孟子爲孔子直承者的視野，是以能對荀子從平正解譯者，並不多見。推究歷來對荀學的評論或發展的背後成因，實可分爲四種類型：（一）漢代對於荀學的肯定來自於儒學於政治上的適應性及經學上的傳承；（二）宋明時期，不論是理學或是反理學，皆受荀學影響，但大多數的理解是以孟學視野解釋荀子，因而使荀學倍受批評；（三）明末雖有著會通孟荀的痕跡，但細部來看，那只是在時代氛圍底下，將孟荀硬套合在一塊的結果；（四）清儒依舊爲孟學是儒家正統的思維所籠罩，明明發展的是荀學，但卻以爲是對孟學進行重新詮釋。

　　論者以爲內聖外王向來是儒學一項核心課題，傳統儒者雖注意到荀子重知性的一面，但因只注意荀子重外王的一面，使得其重知性亦重內聖之「智」德的事實，遂不被注意到。在當代思考儒學是否能開展出外王之際，荀學的價值或可再重新評估。以下分三次進行探討：一、荀學的歷史遭遇與傳統對於荀學的解讀；二、孟子學視野下的儒學詮釋及宋明儒學中的荀學；三、對於荀子內聖外王之道的認識。

一、荀學的歷史遭遇與傳統對於荀學的解讀

　　《荀子》一書歷史評價，可說是褒貶不一。漢代對於荀子所持的肯定態度，到了宋明時代有了改變，「主性惡」、「禮爲僞」、「尙強伯」，爲宋明時代對荀學的認識。漢代對於荀子是肯定的，之所以肯定，可分就兩點論及：（一）就政治上的需求性而言，荀學有其適應性；（二）子夏屬孔子門中文學之科，荀子承學於子夏門人，他明言學習「始乎誦經，終乎讀禮」，荀學對於漢代走向經學，有其影響。宋明時代，荀學性惡之論，最爲時人垢病。晁公武對於荀學的把握，反應的正是其他儒者的理解：朱熹、唐仲友、歐陽修、胡居仁等，對於荀學，皆是批評的。

（一）《荀子》於兩漢的適應性及經學地位

　　縱觀歷來對於《荀子》一書的思想定位，可以「毀譽參半」四個字來形

齊尙脩列大夫之缺，而荀卿三爲祭酒焉。齊人或讒荀卿，荀卿乃適楚，而春申君以爲蘭陵令。春申君死而荀卿廢。因家蘭陵。李斯嘗爲弟子，已而相秦。荀卿嫉濁世之政，亡國亂君相屬，不遂大道而營於巫祝，信機祥，鄙儒小拘，如莊周等又滑稽亂俗，於是推儒、墨、道德之行事興壞，序列著數萬言而卒。因葬蘭陵。」荀子，名況，世稱荀卿，亦稱孫卿；戰國晚期趙國人；生卒年不詳。

容。不過大抵上來說，兩漢時期對《荀子》的評論，卻多是肯定、支持的，此自有其歷史因由。以兩漢經學盛世的緣由來看，兩漢所以會走向經學，一方面因自於政治上漢武帝的獨尊儒術；另一方面，則不可不提到《荀子》一書的影響。荀子與兩漢儒學的關係，可分從荀子思想對於當時政治需求的適應性以及他對於六經的傳承來談。秦朝在國家施政上，急功近利，不施仁義，採以嚴刑峻法，終遭至民變，以至於亡。漢儒對此有著深刻體驗，謂墨家之「尊卑無別」、「儉而難遵」〔註2〕。名家之「苛察繳繞」，「使人儉而善失眞」〔註3〕。道家之「絕去禮學，兼棄仁義」，陰陽家之「常於禁忌，泥於小數，舍人事而任鬼神」〔註4〕，都如法家一般，不宜於國家治理。相較於先秦其他思想，儒學在漢儒的眼裡是「遊文於六經之中，留意於仁義之際，祖述堯、舜，憲章文、武，宗師仲尼，以重其言」〔註5〕，是「於道最高」〔註6〕，最適宜用於治國。除此之外，重視法治是荀學不同於孔孟傳統的一項特徵，荀子「以善至者待之以禮，以不善至者待之以刑」〔註7〕的隆禮重法思想，在堅持禮教德治的同時，一方面吸收了法家的刑名法術，認爲「不教而誅，則刑繁而邪不勝；教而不誅，則奸民不懲」〔註8〕，提高了君王的地位，荀學自然容易令統治階層接受。

　　《荀子》除了在面對當時政治氛圍，具有兼容並蓄之適應性外，他對於六經的傳承，亦奠定他在漢儒心中的地位。汪中〈荀卿子通論〉一文說荀子是「學出於孔氏，而尤有功於諸經。」〔註9〕「蓋自七十子之徒既沒，漢諸儒未興，中更戰國暴秦之亂，六藝之傳賴以不絕者，荀卿也。周公作之，孔子述之，荀卿子傳之，其揆一也。」〔註10〕「經學的精神、意義、規模，雖至

〔註2〕　司馬談：《論六家要旨》。
〔註3〕　同註2書。
〔註4〕　劉向：《漢書藝文志》（臺北：成文書局，1978年）。
〔註5〕　夏長樸：《兩漢儒學研究》（臺北：國立政治大學中國文學系碩士論文，1973年）。
〔註6〕　同註5書。
〔註7〕　《荀子·王制篇》。本文《荀子》書引文出處爲唐·楊倞注，清·王先謙集解：《荀子集解·考證》（臺北：世界書局，2005年）。此外，本研究凡《荀子》引文部分之句讀標示，主要參考自梁啟雄：《荀子集解》（臺北：臺灣商務印書館，1993年）。
〔註8〕　《荀子·富國篇》。
〔註9〕　清·汪中：〈荀卿子通論〉。參看同註7書，〈考證下〉，頁23。
〔註10〕　同註9書。出自同註7書，〈考證下〉，頁24。

孔子已奠其基，但經學之所以爲經學，亦必具備一種由組織而具體化之形式。此形式，至荀子而始挈其要。」〔註11〕蓋孟子對於經學雖嘗用力，但是自孟子歿後，弟子偏著於善性四端，重爲內在思辨，心性涵泳之學。反觀荀子，承學於子夏門人，子夏爲屬孔門中文學之科，況荀子明言學習「始乎誦經，終乎讀禮」〔註12〕，故其門人弟子，亦重經學。是以，《荀子》在政治上的適應與經學上的傳承自然奠定了他在漢儒心中的地位。「孟子、荀卿之烈，咸遵夫子之業而潤色之，以學顯於當世」〔註13〕，「惟孟軻、孫卿爲能尊仲尼」〔註14〕；在當時，荀子的思想地位絕不輕於孟子。甚至，「從漢代儒學和思想文化發展的實際來看，荀子的影響遠遠超過了孟子。」〔註15〕

（二）宋明對於荀學的評價及「主性惡」、「禮爲僞」、「尚強伯」之認識

《荀子》的歷史遭遇，自宋明時期對於荀子的批判來看，無疑是一大轉折。韓愈作〈讀荀〉一文曰：「考其辭，時若不粹；要其歸，與孔子異者鮮矣。抑猶在軻、雄之間乎！」〔註16〕「孟氏醇乎醇者也。荀與揚，大醇而小疵。」〔註17〕韓愈對於荀子已有批評，但相較於宋明儒者的批判，韓愈評論荀子爲「大醇小疵」，簡直是不痛不癢。推究所以荀學在此時不得宋明儒者喜好，則不得不歸因於孟子學在當時儒家發展過程中，所扮演的主導性地位。對於韓愈〈讀荀〉一文，朱熹這樣回應：

〔註11〕 徐復觀：《中國經學史的基礎》（臺北：學生書局，1982年），頁34。

〔註12〕 《荀子・勸學篇》。

〔註13〕 漢・司馬遷：《史記・儒林列傳》（臺北：七略出版社，1991年），頁1273。

〔註14〕 劉向：《孫卿新書・敘錄》。參看嚴靈峰，漢・劉向，清・姚振宗：《書目類編・七略別錄佚文》（臺北：成文出版社，1978年），卷一，頁31。

〔註15〕 惠吉星：《荀子與中國文化》（貴州：貴州人民出版社，1996年），頁258。蔡仁厚表示：「有人說，漢代學術不是孟子學，而是荀子學。這種說法，其實是很無謂的。漢儒『獨尊儒術，罷黜百家』。尊儒即尊經。經者，常也。故尊經不是尊權威，乃是尊常道。」「漢代的學術是『經學』，不是『子學』，故漢代學術，既不是孟子學，也不是荀子學。」關於蔡仁厚的評論，請參閱蔡仁厚：〈宋明理學與當代新儒家的對比及其前瞻〉，刊於《南昌大學學報》（人社版），第三十五卷第二期（江西：南昌大學，2004年5月），頁157。由此看來，荀學在漢代的影響力勝於孟學，不是就其本身爲漢儒吸收、發展的角度來談，而是就經學傳承的角度來說的。

〔註16〕 唐・韓愈：《韓昌黎文集校注・讀荀》（臺北：世界書局，1960年），頁21。

〔註17〕 同註16書，頁21。

不須理會荀卿，且理會孟子性善。渠分明不識道理。如天下之物，有黑有白，此是黑，彼是白，又何須辨？荀揚不惟說性不是，從頭到底皆不識。當時未有明道之士，被他說用於世千餘年。韓退之謂荀揚「大醇而小疵。」伊川曰：「韓子責人其恕。」自今觀之，他不是責人恕，乃是看人不破。今且於自己上作工夫，立得本。本立則條理分明，不待辨。〔註18〕

荀子是「從頭到底皆不識」，千年歷史卻流行之。此外，朱熹還這樣評論荀子：

凡人著書，須自有箇規模，自有箇作用處。或流於申韓，或歸於黃老，或有體而無用，或有用而無體，不可一律觀。……荀卿則全是申韓，觀〈成相〉一篇可見。他見當時庸君暗主戰鬥不息，憤悶惻怛，深欲提耳而誨之，故作此篇。然其要，卒歸於明法制，執賞罰而已。〔註19〕

內聖外王的問題，向來是儒家重大課題，但對荀子重事功、重事務的特徵，朱熹並不領情。「或言性，謂荀卿亦是教踐履。先生曰：『須是有是物而後可踐履。今於頭段處既錯，又如何踐履？』」〔註20〕「大本已失」的荀子，根本上顛倒了聖學。

　　重視孟學的兩宋時代，自然對於荀子未能有多大的好感，身為文獻學家的晁公武評論荀子，基本上反應著兩宋時期對於荀子的理解：「其書以性為惡，以禮為偽，非諫爭，傲災祥，尚強伯之道。」〔註21〕將荀學的特徵理解為「主性惡」、「禮為偽」、「尚強伯」，不僅在朱熹那可以見得，在其他人那裡，也可以看見。如唐仲友云：

以吾觀之，孟子而用，必為王者之佐，荀卿而用，不過霸者之佐，不可同日語也。王霸之異，自其外而觀之，王者為仁義，霸者亦有仁義，王者有禮信，霸者亦有禮信；自其內而觀之，王者之心一出於誠，故正其誼，不謀其利，明其道，不計其功，霸者之心雜出於詐，故假仁以為利，利勝而仁衰，仗義以率人，人從而義廢，湯、

〔註18〕 宋・黎靖德：《朱子語類・戰國漢唐諸子》（北京：中華書局，1986年），卷一三七，頁4。
〔註19〕 同註18書，卷一三七〈戰國漢唐諸子〉，頁5。
〔註20〕 同註18書，卷一三七〈戰國漢唐諸子〉，頁5。
〔註21〕 宋・晁公武：《郡齋讀書志・子類儒家類》。參見同註7書，〈考證上〉，頁5。

武、桓、文由此分也。〔註22〕

荀卿之書，若尊王而賤霸矣，乃言性則曰本惡，其善者偽也。夫善可偽，則仁義禮信何適而非偽也？四者即偽，何適而非霸者之心？吾以是知卿而用必爲霸者之佐也。〔註23〕

或曰：「卿之言曰：『君子養心，莫善於誠。』又曰：『誠者，君子之所守，而政事之本也。』卿豈不知王道之出於誠哉！」曰：「子以爲誠者，自外至邪？將在內邪？性者，與生俱生，誠者，天之道，非二物也。以性爲惡，則誠當自外入。外入則偽，惡睹所謂誠乎？吾觀告子先孟子不動心，又其言辯，幾與孟子埒。至於以義爲外，以性爲猶杞柳，故孟子力詆之。荀卿化性起偽之說，告子之儔也。〔註24〕

唐仲友認爲荀學思想由於主張性惡，淪爲力主強伯之道，是再自然不過的事情。強伯之道表面上雖然亦倡仁義禮信，但以性惡爲前提的仁義禮信，終究是偽，因此最終實以利爲導，所以說「假仁以爲利」。細觀唐仲友的論述，無非是以孟荀對觀，來認定荀子同告子爲「義外之學」。有關於唐仲友對於荀子的理解是否諦當的問題，在此先不討論；但可以確定的是，宋代對於荀子的認識，實不脫晁公武的觀察，其中對荀子性惡之說，更是深感痛絕。甚至，歐陽修更將性惡說理解爲當世佛者之所以盛行的原因，「昔荀卿子之說，以爲人性本惡，著書一篇以持其論。予始愛之，及見世人之歸佛者，然後知荀卿之說繆焉」〔註25〕。是以，相較地來說，歐陽修以爲人民之所以相率歸入於佛，乃是因爲佛有「爲善」之說的緣故。〔註26〕

明代對於荀學，多持續宋代對於荀子的批評態度：如胡居仁便評論「荀子只性惡一句，諸事壞了。是源頭已錯，末流無一是處，故其以禮義教化爲聖人所造作偽爲，以矯人之性而化人之惡」〔註27〕，「孟子言性善，在本原上，見得是，故百事皆是；荀子在本原上見錯，故百事皆錯。」〔註28〕總的來看，

〔註22〕 清·黃宗羲：《宋元學案·說齋學案》（臺北：河洛圖書出版社，1975年），卷六十，頁70。

〔註23〕 同註22書，卷六十〈說齋學案〉，頁70。

〔註24〕 同註22書，卷六十〈說齋學案〉，頁71。

〔註25〕 清·黃宗羲：《明儒學案·廬陵學案》，卷四，頁64。

〔註26〕 同註25書，卷四，頁64。

〔註27〕 引自清·熊賜履：《學統》（臺北：臺灣商務印書館，1968年），卷四十三，頁555。

〔註28〕 同註27書，卷四十三，頁555。

荀學性惡，最爲宋明儒者所病。荀子思想在宋明儒者以孟子爲正宗的視角來看，既然是「大本不立」、「本原見錯」，自是無法成就儒家的「內聖」關懷，所謂「外王」當亦無法成就。

二、孟子學視野下的儒學詮釋及宋明儒學中的荀學

「自孟子後，聖學不傳，所謂『軻之死不得其傳』。如荀卿說得頭緒多了，都不純一。」〔註29〕「三代之衰，王道熄而霸術倡；孔、孟既沒，聖學晦而邪說橫；教者不復以此爲教，而學者不復以此爲學，霸者之徒，竊取先王之近似者，假之於外以內濟其私己之欲，天下靡然而宗之，聖人之道遂以蕪塞。」〔註30〕朱熹與王陽明的深切感嘆，並非僅僅是個人的；對於有志的宋明儒者而言，無不將聖學的發揚作爲己任。先秦時候孔子言仁，孟子講四端之心以明性善，目的在把將道德創造的根源建立在人的內在心性上。不過，完整地將天道與心性結合成一套道德形上學，卻是在宋明儒學。孟子本身「盡心知性以知天」、性善等相關天道、心性的話語在義理上仍然十分模糊，因而就儒學思想的發展來看，宋明儒學的工作旨在將此類話語進行闡述、發揮、建構以成具義理規模的系統，卻進而也引發當中許多的爭論。在此，並非要對宋明儒內部種種爭論進行討論；而是要指出當宋明儒者在建構他們口中所謂聖學的同時，卻也自覺或不自覺吸收著或發展荀學的事實。

（一）理學與反理學對於荀學的吸收

朱熹雖然繼承二程對荀子採「大本不立」的理解，但對於孟子盡說性善，覺得不夠完備，並依明道說的「論性不論氣，不備；論氣不論性，不明」〔註31〕予以解釋：

> 荀子但只見氣之不好，而不知理之皆善。〔註32〕
>
> 即是此理，如何得惡！所謂惡者，卻是氣也。孟子之論，盡是說性善。至有不善，說是陷溺，是說其初無不善，後來方有不善耳。若如此，卻似「論性不論氣」，有些不備。卻得程氏說出氣來接一接，便接得有首尾，一齊圓備了。〔註33〕

〔註29〕同註18書，卷一二二〈呂伯恭〉，頁6。
〔註30〕王陽明：《傳習錄・答顧東橋書》（臺北：金楓，1987年），中卷，頁104。
〔註31〕同註18書，卷四〈性理一〉，人物之性氣質之性章，頁19。
〔註32〕同註18書，卷一○一〈程子門人〉，胡康候章，頁51。
〔註33〕同註18書，卷四〈性理一〉，人物之性氣質之性章，頁15。

> 又曰：才又在氣質之下。如退之說三品等，皆是論氣質之性，說得
> 儘好。只是不合不說破箇氣質之性，卻只是做性說時，便不可。如
> 三品之說，便分將來，何止三品？雖千百可也。若荀揚則是「論氣
> 而不論性」，故不明。既不論性，便卻將此理來昏了。〔註34〕
>
> 荀揚韓諸人雖是論性，其實只說得氣。荀子只見得不好底性，便說
> 做惡。〔註35〕
>
> 論性不論氣，孟子也；不備，但少欠耳。論氣不論性，荀揚也；不
> 明，則大害事！〔註36〕

為瞭解釋現象中存在的惡，朱熹援引了荀子以氣論性的觀點，來消彌孟子盡
言性善的不足。由「列星隨旋，日月遞炤，四時代御，陰陽大化，風雨博
施，萬物各得其和以生，各得其養以成，不見其事而見其功，夫是之謂神。」
〔註37〕與「散名之在人者：生之所以然者謂之性；性之和所生，精合感應，
不事而自然謂之性。」〔註38〕可見荀子明確是偏重於氣論的。但朱熹以其理
氣二分的架局評論荀子是「只見氣之不好，而不知理之皆善」，只是以氣論
性，因見得氣中的惡，故言性惡的看法，卻不免有討論的空間。關於朱熹的
評論是否確當的問題，在此先不做討論（之後會再探討），要探及的焦點在於
朱熹力守理氣二分的同時，宋明儒家卻另有著一種朝向以為理氣不分的解
讀：

> 蓋通天地，亙古今，無非一氣而已。氣本一也，而一動一靜，一往
> 一來，一闔一闢，一昇一降，循環無已。積微而著，由著復微，為
> 四時之溫涼寒暑，為萬物之生長收藏，為斯民之日用彝倫，為人
> 事之成敗得失。千條萬緒，紛紜膠轕而卒不可亂，有莫知其所以
> 然而然，是即所謂理也。初非別有一物，依於氣而立，附於氣以行
> 也。〔註39〕

與陽明同時的羅欽舜對於王陽明「良知即天理」的主張深感不滿，「凡用良知

〔註34〕同註18書，卷四〈性理一〉，人物之性氣質之性章，頁15。
〔註35〕同註18書，卷四〈性理一〉，人物之性氣質之性章，頁36。
〔註36〕同註18書，卷六十二〈中庸一〉，第一章，頁23。
〔註37〕《荀子‧天論篇》。
〔註38〕《荀子‧性惡篇》。
〔註39〕明‧羅欽順：《困知記》（北京：中華書局，1990年），卷上，第十一章，頁4
　　　～5。

字者，如其所謂，輒以天理二字易之，讀之更不成說話。許多聰明豪爽之士，不知緣何都被他瞞過，可嘆也夫！」「曾不自考，顧乃誣孟子以就達磨，裂冠毀冕，拔本塞源，言之可爲痛恨！」〔註40〕羅欽舜當然知道朱熹主張的是理氣二分，但他卻未守著朱熹的看法，反而以爲理是「依於氣而立」、「附於氣以行」。姑且不論羅欽舜對於朱熹理氣觀的改造是否算得上是善解朱熹，但他所謂「理只是氣之理，當於氣之轉折處觀之」〔註41〕的理氣觀代表的正是對於陽明學深感痛惡下，所做的回應。羅欽舜力言「理只是氣之理」，當然有他的用心，但卻也使得朱學走向荀學的軌道。

　　羅欽舜將朱學理氣二分改造，可說是在痛恨王陽明下的一種回應，與羅欽舜同時並同羅欽舜以氣言理者，不在少數，例如：王廷相便曾這麼說：

> 有形亦是氣，無形亦是氣，道寓其中矣。有形，生氣也；無形，元氣也。元氣無息，故道亦無息。是故無形者，道之氐也；有形者，道之顯也。……天內外皆氣，地中亦氣，物虛實皆氣，通極上下造化之實體也。是故虛受乎氣，非能生氣也；理載於氣，非能始氣也。世儒謂「理能生氣」，即老氏道生天地矣；謂理可離氣而論，是形性不相待而立，即佛氏以山河大地爲病，而別有所謂眞性矣，可乎？不可乎？〔註42〕

> 嗟乎！人有二性，此宋儒之大惑也。夫性，生之理也。明道先生亦有定性之旨矣，蓋謂心性靜定而後能應事爾。若只以理爲性，則謂之定理矣，可矣哉？餘以爲人物之性無非氣質所爲者，離氣言性，則性無處所，與虛同歸；離性言氣，則氣非生動，與死同途；是性與氣相資，而有不得相離者也。但主於氣質，則性必有惡，而孟子性善之說不通矣。故又強出本然之性之論，超乎形氣之外而不雜，以傅會於性善之旨，使孔子之論反爲下乘，可乎哉？不思性之善，莫有過於聖人，而其性亦惟具於氣質之中，但其氣之所稟清明淳粹，與眾人異，故其性之所成，純善而無惡耳，又何有超出也哉？聖人之性，既不離乎氣質，眾人可知矣。〔註43〕

〔註40〕　同註39書，附錄〈論學書信〉，頁151～154。
〔註41〕　同註39書，卷上，第三十八章，頁68。
〔註42〕　明・王廷相：《王廷相集・慎言》（北京：中華書局，1988年），卷一〈體道篇〉，頁753。
〔註43〕　同註42書，卷二十八〈王氏家藏集〉，頁518。

王廷相同羅欽舜以氣言性、以氣言理。宋明儒者將人之性解讀成本然之性與氣質之性，在王廷相來看，自然是不被認同。對王廷相而言，所謂人物之性就只是氣。王廷相以為之所以不單以氣論性，乃受制於孟子之說，故為了使孟子之說得以成立，因此在氣質之性外強立本然之性，但事實上聖人之性並不離氣。羅欽舜與王廷相同樣以氣言理的觀點，在陽明學流行的時代，並非只是一種偶然的巧合。

從細部來看，羅欽舜與王廷相的論點代表的正是一種對於陽明學的反動。總的來說，以羅欽舜與王廷相反動於王陽明從而提出來以氣論性的這個層面來看，那麼這樣反動的見解無疑是荀學的。當沿著歷史更往前看，會發現這樣的反動不僅僅是因王陽明而發；事實上，整個宋明儒學的發展一直有著荀學對於孟子學反動的痕跡，即便在主張性即理的程朱學派那裡，也得面對有荀學的反動。

陳同甫與朱熹的論辯公案，反應的正是孟荀在宋明儒學發展中分化與整合的事實。在陳同甫與朱熹的著名爭論裡，朱熹認為陳同甫主張的是「義利雙行」、「王霸並用」。在朱熹眼裡看來，漢唐盛世，只是「假仁借義以行」的假借說；如果要說明漢唐盛世所以發生的原因，說穿也只不過是「暗合」而已。但仔細地解讀此宗公案中陳同甫的用意，會發現陳同甫並不認同朱熹將他理解成「義利雙行」、「王霸並用」。陳同甫認為漢唐仍是天理通行的時代，雖然相較於三代，漢唐「不無滲漏」〔註44〕，但其中並非沒有天理、只有人欲。「某大概以為三代做得盡者也，漢唐不到盡者也。」〔註45〕為陳同甫來說，他根本不是主張「義利雙行」、「王霸並用」，他同樣是強調天理的。此宗公案根本可說是因於兩人在理氣看法上有著不同理解而發生的。陳同甫對於漢唐盛世的評論，並非採朱子理氣二分的觀點：

夫道之在天下，何物非道？千塗萬轍，因事作則。〔註46〕

夫道非出於形氣之表，而常出於事物之間者也。〔註47〕

夫淵源正大之理，不於事物達之，則孔孟之學，真迂闊矣。〔註48〕

自道德性命之說一興，而尋常爛熟無所能解之人，自托於其間，以

〔註44〕同註22書，卷五十六〈龍川學案〉，頁90。
〔註45〕同註22書，卷五十六〈龍川學案〉，頁94。
〔註46〕陳亮：《陳亮集‧與應仲實》（臺北：河洛圖書出版社，1976年），頁260。
〔註47〕同註46書，〈勉強行道大有功〉，頁97。
〔註48〕同註46書，〈勉強行道大有功〉，頁98。

端愨靜深爲體，以徐行緩語爲用，務爲不可窮測，以蓋其所無。一
藝一能，皆以爲不足自通於聖人之道也。於是天下之士，始喪其所
有，而不知適從矣。爲士者恥言文章行義，而曰盡心知性；居官者
恥言政事書判，而曰學道愛人。相蒙相欺，以盡廢天下之實，則亦
終於百事不理而已。〔註49〕

道只存於事物之中，所謂事物之外的道，並不存在。陳同甫的見解基本上是
同以氣論理的義理的不同層面的說法。陳同甫感嘆離開事物卻大談心性義理
的性命道德之說是空談心性，天下之實全因於「盡心知性」與「學道愛人」
而廢，由此可發現漢唐究竟是否合天理的爭論，根本上就是陳朱兩人立著於
不同的理氣觀點所致，而陳同甫的立場無疑是對荀學的一種肯認。

（二）明末援入荀學以救正外王的思想價值

　　宋明儒學的發展存在著理學內部的爭論，還有著反理學在外部對於理學
的攻擊。不論是就理學內部的爭論，還是反理學的外部攻擊，都可說是「內
聖外王」爲儒學關懷核心下產生的思辨歷程。正如前面所說的，宋明儒學對
於荀學多是持批評的態度，但是在批評的同時，卻也存在著不爭的吊詭事實：
他們在表面上雖是批評荀學的，但事實上卻是吸收著荀學。從上面朱熹以氣
論性補孟子性善的不備、羅欽舜以氣論性改造朱熹、羅欽舜與王廷相以氣論
性來反應對王陽明的不滿及陳同甫與朱熹的論辯立基點幾處談論來看，可以
發現宋明儒學不論是在理學內部的爭論，亦或是在反理學的外部攻擊上，都
存在著荀學的痕跡。

　　不論是理學或是反理學都有著吸收荀學的事實，這是個吊詭的事實：宋
明儒學基本上是批評荀子的，但卻堵不出這樣的矛盾事實發生。若客觀來看
（撇開反理學的觀點不談），援入荀學於宋明理學的義理發展，無疑對以孟學
主導的儒學發展者來說，是一大諷刺。在正統宋明儒學的眼裡，意外地將荀
學援入，相信對他們而言根本是始料未及的，甚至他們根本就不曾意識到這
項事實，因爲這項事實終究還是讓以孟子學爲主導的儒學立場給淹沒了；除
了反理學的那些人。就此，進一步談論理學吸納荀學卻又批判荀學的思想價
值，王陽明云：

孔子氣魄極大，凡帝王事業，無不一一理會，也只從那心上來：譬

〔註49〕同註46書，〈送吳子成運幹序〉，頁179。

> 如大樹有多少枝葉，也只是根本上用得培養功夫，故自然能如此，
> 非是從枝葉上用功做得根本也。學者學孔子，不在心上用功，汲汲
> 然去學那氣魄，卻倒做了。〔註50〕

眾所週知陽明末流的問題，大抵上是「玄虛而蕩」、「情識而肆」所導致，細節地來談，則是內聖無法落實及進而由之所引出外王無法開出的兩則問題。從王陽明將帝王事業理解為由「心上用功」、只從「那心上來」的那份自信來看，陽明絕不會接受後人「無事袖手談心性，臨危一死報君王」的譏諷，不過王學發展最終走向不同於心學的方向，卻也是事實。原因在於，當時的思想氛圍對於外王問題格外重視，由於時局的需要，再加上儒者向來的使命感，因而自然對陽明有所反省，將外王無法開展的原因歸之於王學，是以從而嘗試修正或救正王學。若以客觀角度持平而論，外王的落實究竟還得在政治中操作才有可能。不過，從時局的刺激與後王學的發展來看，對於外王問題處理的痕跡其實是荀子式的。援朱救王是心學系統外另一種自理學出發對於王學的修正，蓋朱子的確意識到內聖與外王的關係：「聖人將那廣大底收拾向實處來，教人從實處做將去。老佛之學則說向高遠處去，故都無工夫了。聖人雖說本體如此，及做時，須事事著實。如禮樂刑政，文為制度，觸處都是。體用動靜，互換無端，都無少許空闕處。」〔註51〕援朱救王者藉由強調讀書窮理的朱熹來救正王學空談心性對外王無所助益的流弊，最終卻也仍抵擋不出宋明理學衰退的事實。強調朱學的羅欽順，卻倡以氣言理，足為明證。

這樣的發展在在顯示這段思想史的價值：力求以孟學內聖之旨開展出外王的嘗試是失敗的，他們雖然嘗試著力挽狂瀾，但是他們終究走向另一條他們原先不願走上的路；而此般「不願卻如願」的事實反應出的是他們不但可能不瞭解他們本力守堅持的，而且其實他們對於荀子亦未真正把握。看看這段歷史，與其解讀成孟荀會通的時代，還不如將他看作是在力守孟子立場下，將荀學援入以救正外王不足問題的一種方便途徑。這樣一種方便，以分解的頭腦來看，無疑對於孟學或荀學來說都是不公平的，明明是不同樣的立場，卻是將他們硬套合在一塊。

〔註50〕同註30書，下卷，頁213。
〔註51〕同註18書，卷六十四〈中庸三〉，第二十七章，頁40。

三、對於荀子內聖外王之道的認識

　　晁公武「其書以性爲惡，以禮爲僞，非諫爭，傲災祥，尚強伯之道」的解讀，反映的正是一般宋明儒學或當代新儒家對荀學的認識，也說明了爲何明明是採荀學以救正宋明理學的學者，卻最多也只是以潛在的荀學性格出現；事實上，即便是脫離了宋明理學的清代，卻也仍舊擺脫不了以孟子學爲主導的儒學發展型態。

　　清代荀學的發展可分爲兩個層面：一是清儒校釋《荀子》的著作及荀子學說的評論；二是以顧炎武、戴震、焦循、凌廷堪、阮元爲主軸的清儒。對於《荀子》校釋與荀子的評論，田富美認爲「在尊經及經典傳承的體系研究中肯定了荀子，使荀學得以擺脫『異端』之名而回復於儒家之列」，「然而，這些迴護荀子的論述卻受限於以孟學爲學術唯一準則的意識型態所圍，往往只是在以孟學爲主體的思考下調和孟、荀差異，在深究荀子思想體上的論述上則相對貧乏。」〔註 52〕而顧炎武、戴震、焦循、凌廷堪、阮元等人從「以氣爲本」的基礎所建立的心性論以及工夫論，事實上即是荀學的理路，田富美表示「清儒並沒有意識到其理路與荀學同途；批判宋明理學，卻認同理學家所建構以孟子爲孔子思想正統繼承者的道統觀，戴震作《孟子字義疏證》、焦循作《孟子正義》，自詡爲孟學眞正傳人，欲取代宋明理學在儒家道統的傳承地位，但實際上闡揚的卻是荀子的理路。」〔註 53〕

　　清代一方面脫離了宋明理學，一方面亦重於考據，不論是就主觀的認識或就客觀的方法來說都已較前兩代來得獨立於孟學，但是清儒對於荀學的發展卻始終難脫離以孟學爲學術唯一準則的意識型態，可見這樣的影響不單單是在宋明，就連有意重新理解荀學的人，可能也正以這樣的理解框架來解讀荀學。

　　馮友蘭指出：「孟子較注重於孔子之德，荀子則較注重孔子之學。」〔註 54〕將孟荀對於孔子的態度做這樣的評論，不單單是馮友蘭個人的看法，他的說法可說正是傳統儒學與當代新儒學的解讀。「仁」爲孔子思想結構的核心，《論語》以「仁」爲首德，對於「仁」與「禮」，《論語》云：「人而不仁，如禮何」、

〔註 52〕田富美：《清代荀子學研究》（臺北：國立政治大學中國文學系博士論文，2005年）。

〔註 53〕同註 52 書，頁 231。

〔註 54〕馮友蘭：《中國哲學史》（北京：中華書局，1961 年），上冊，頁 351。

「禮云禮云，玉帛云乎哉」。由兩者的關係來解讀，孔子首先關注的是道德人格的實踐，而外王的落實需先決於倫理主體的內聖之學，而孟子之學也是循著相同模式。時人以爲相較於孔孟，荀子所關注的則是外王問題（如：《荀子》書有〈王制〉、〈富國〉、〈王霸〉、〈議兵〉、〈彊國〉等篇）。將荀學的性惡說與他對外王的重視搭在一塊來看，荀學也就自然容易被解讀成「大本已失」，給予人只是重事功、重事務的印象。

　　馮友蘭解讀荀子較注重孔子之學的評論，描述的是荀學一部份的事實。荀子對於「學」相當重視，這可由〈勸學〉爲首章及《荀子》一書內容具綜羅百家的特點可以看出〔註55〕，此項特點正好支持時人將荀學把握成重知性的理解。《荀子·非十二子篇》云：

> 若夫總方略，齊言行，壹統類，而群天下之英傑而告之以大古，教
> 之以至順，奧窔之間，簟席之上，斂然聖王之文章具焉，佛然平世
> 之俗起焉；六說者不能入也，十二子書不能親也；無置錐之地，而
> 王公不能與之爭名；在一大夫之位，則一君不能獨畜，一國不能獨
> 容，成名況乎諸侯，莫不願以爲臣，是聖人之不得勢也；仲尼、子
> 弓是也。

子弓亦叫做仲弓，即冉雍，爲孔子學生〔註56〕。《論語》稱「雍也可使南面」，又說他「不知其仁」。在孔子的眼中，冉雍當然不符合孔子的內聖外王之道，但是荀子卻是將冉雍與孔子並稱。將這並稱的事實與荀子重知性的特點配合起來，那麼荀學對於知性的強調，將被解釋成爲的是國家的正理平治，爲的是外王的實現。

　　如果只是從這一點看，荀子的確少了內聖的層面，其外王理想也就難與「功利」脫離。不過，事實上荀子的外王之學仍舊同孔子建立在倫理主體的內聖之學，差就差在孔孟以仁德爲進路，而荀子卻是以「智」德來奠立倫理主體：

〔註55〕郭沫若評論荀子：「要之，荀子的思想相當駁雜，他的壽命長、閱歷多、涉獵廣、著述富，是使其駁雜的一些因素。書非成於一時，文非作於一地，適應環境與時代自然不免有所參差。但他並不純其爲儒，而是吸取了百家的精華，確是無可否認的事實。因此我覺得他倒很像是一位雜家。」參看郭沫若：《十批判書》（北京：東方出版社，1996年），頁258。事實上，《荀子》雖綜羅百家，然就其同孔孟將外王立於內聖之德來看，荀子仍當被視爲儒家。
〔註56〕楊倞注：子弓，仲弓也。

故學也者，固學止之也。惡乎止之？曰：止諸至足。曷謂至足？曰：
聖也。聖也者，盡倫者也；王也者，盡制者也；兩盡者，足以爲天
下極矣。故學者以聖王爲師，案以聖王之制爲法，法其法以求其統
類，以務象效其人。嚮是而務，士也；類是而幾，君子也；知之，
聖人也。〔註57〕

所謂大聖者，知通乎大道，應變而不窮，辨乎萬物之情性者也。
〔註58〕

祭者，志意思慮之情也，忠信愛敬之至矣，禮節文貌之盛矣，苟非
聖人，莫之能知也。〔註59〕

儒家以爲外王的成就需以內聖爲方，由孔子在尊尊、親親的周文傳統下強調
「仁」德的立場看來，聖王與人民、國家的關係必須是以內聖爲前提。孟子
以「仁」爲首德，自然被視爲是體貼孔子的思想。這樣的內聖開展出王外的
思維一直是作爲那些懷抱儒家的思想家、工作者心中的理想藍圖。《荀子》雖
然留意外王問題，但他並非不重視德；事實上，《荀子》書中到處可見「仁」
德的重要，無論是在個人的理想品格，亦或是關於政治理想的敘述上。荀子
同孔子重「仁」德，並提出「智」德來與「仁」德同作爲首德、全德。荀子
以「智」爲首德，《荀子》書中多處將「智」與「聖人」連用，表現出「智」
是聖人的極至表現。「盡倫」即聖，「盡制」即王，荀子亦有其內聖外王之道，
「學」爲內聖外王之道的落實方式，透過「學」將他所強調的知性轉化成爲
「智」。荀子雖不同於孔子以「仁」貫穿內聖外王之道，但是他以「智」貫串
內聖外王之道，卻明明就和孔孟一樣，是以「德」爲出發的。傳統對於荀學
的評價或發展荀學的背後成因，有著歷史的因由，使得荀學不論是在認識的
完整性或評價的眞確性上，都還未及孟學。倘若由儒學內聖外王的關懷來看，
其實荀學是和孔孟一樣的，皆是以內聖之「德」爲中心開展儒學向來重視的
外王課題。論者以爲思想的再生必然需與時代的氛圍產生對話：藉托其不可
變動的主幹發展出適用於現代的需要。今日在闡發孟學的同時，以「智」德
爲首要之德的荀學或許也可提供當代一些思考，亦使孔學的思想能被更完整
認識。

〔註57〕《荀子·解蔽篇》。
〔註58〕《荀子·哀公篇》。
〔註59〕《荀子·禮論篇》。

第二節　理解荀學爲德行論的中學西解

　　研究哲學總得先確定方法的正當性，荀學若是以西學進行理解，是合理的嗎？這項問題的研究是展開研究前的重要發問。欲對一項哲學思想進行理解，首先必被問及採取的研究路徑是否合理的問題：不論此哲學思考的對象爲何？此哲學思考的目的爲何？每一位審愼閱讀者對於研究者所展現的成果的接受度，部份（甚至大部份）是決定於解讀者對此問題能否合理回覆。研究方法與研究內容的關係，不得不愼。研究方法的創新雖然能爲研究對象賦予新的解釋，進而開展出新的意義與價值，但是新的解讀卻可能根本是變了調的理解。就此，以下分以兩次進行探討：一、拿捏分寸的理解——中學西解的適當性；二、另一條詮釋荀學的路線。

一、拿捏分寸的理解——中學西解的適當性

　　相較於過去，當今的荀學研究可說是盛況空前，猶如雨後春筍、百花綻放。不單是在台灣、大陸，在日、韓及西方世界，都可看到荀學的相關研究不斷被提出，這得都歸功於將《荀子》譯介成不同文字的學者。近觀不同文化下、非中文的荀學發展，雖然研究議題不盡相同，但是巧的是，在研究方法或理解架構的擇用上，卻有著相類似的發展軌跡〔註60〕。這相類似的軌跡是這樣的：首先是對於《荀子》一書進行校勘、考訂（或加上譯介）；進而對於荀學的思想以順其文義的方式，將他的思想分化成若干部分進行研究，以達開展他對這些若干議題的理論系統的目的；最後，則是將各種方法或理解的架構導入於這若干議題，使得荀學除了可由一般傳統的以順其文義進行解讀之外，還能夠得到其他新的理解與詮釋，而對於各部份的新詮釋，在彼此一致的前提下，使得荀學具備其他的認識可能。

〔註60〕在此對於非中文荀學研究之方法擇用的發展軌跡的說明，主要是歸納自底下三篇對於荀學發展的研究文章：佐藤將之：〈二十世紀日本荀子研究之回顧〉，《國立政治大學哲學學報》（臺北：國立政治大學哲學系，2003 年），第十一期，頁 39～84。王靈康：〈英語世界的荀子研究〉，《國立政治大學哲學學報》（臺北：國立政治大學，2003 年），第十一期，頁 1～38。鄭宰相：〈現代韓國學者荀子研究評述〉，《荀子研究的回顧與開創國際學術研討會會議論文》（雲林：雲林科技大學漢學資料整理研究所，2006 年），頁 1～24。這並不是一種完全分時的發展軌跡，事實上，仍有學者採傳統的方法進行荀學研究；甚至，有的單一研究同時間使用這些方法。這些非中文的荀學研究成果，不乏具參考價值者；不過，這些成果少與本研究的論題有關。

（一）中學西解的問題

在研究方法或理解架構的擇用發展上，中文的荀學研究大抵上與非中文的荀學研究的軌跡相符合，爲了解讀出荀學可能蘊含的更多內容與意義，順其文義的傳統解讀不再是唯一的工具，各種新的方式紛紛出籠。蔡錦昌〈「不若」變成「基於」說──檢討台灣的荀子研究〉一文對於現今荀學各式解譯方法與研究成果的現象表示：「台灣的荀子研究全在『一派胡言』的潛在格局下發展。原來荀子那些道地中文的『不若』之說，全被改譯或改編成翻譯中文的『基於』之說來講，還美其名曰『現代詮釋』，以致荀子本來甚爲精采的明智之論，淪爲矛盾駁雜的知識理論與道德學說。」所謂「胡言」，指的是「西方語文」〔註61〕。蔡文似乎希望能夠將過去台灣所有的荀學研究成果給予「一網打盡」的評價，認爲在「現代詮釋」的美麗外衣底下，所有的研究成果都是「中學西解」〔註62〕。台灣過去五十多年來的荀學研究，或視荀學爲舊有傳統的「開明思想家」，或視荀學爲儒家「開出新外王」的重要資源，皆潛在著西解中學的格局，皆錯解了荀學。〔註63〕

不論台灣的荀學研究是否皆爲「中學西解」，此項議論卻引發了「中學」是否可以「西解」的爭議。蔡錦昌反對「中學西解」：「五十年來台灣的荀子研究者之所以始終不能抓住此種重點而抉發此種精義，就是囿於學院中那種『一派胡言』的『基於』說所致。以『基於』說來解讀荀子文義，當然每個荀子所用的字眼都代表一個對象存在物（object）或代表一種意義（meaning），如此一來才能追問此種對象物或意義之所以存在或產生的理據（foundation）和理由（reason），而所有文句於是都能依概念界定（definition）的方式來分科分門分類地處理。先不說習於此種思考方式和用語方式的人通常都疏於追究分辨意義的變異性（variability）了。光就此種思考方式和用語方式的架構性要求而言，就會使所有荀子的字都化解不開，而且使所有古代的思考重點和分類方式都顯不出來。」〔註64〕歸納蔡錦昌提出的理據，西解

〔註61〕蔡錦昌：〈「不若」說變成「基於」說──檢討台灣的荀子研究〉，編錄於《荀子研究的回顧與開創國際學術研討會會議論文集》（雲林：雲林科技大學漢學資料整理研究所，2006年2月18、19日），注釋4，頁2。
〔註62〕同註61書，頁9。
〔註63〕蔡錦昌指出本文（蔡文）所謂的「荀學」或「荀子研究」以所謂「義理研究」或「思想研究」爲主，不包括傳統國學中的小學在內。見同註61書裡頭的注1，頁1。
〔註64〕同註61書，頁12。

中學之所以會產生問題，主要的原因是：西方概念使得文本使用的語詞對象化，語詞與語詞的關係成為對立的關係，但中國的思維方式並非如此，一旦文本使用的語詞被以用存在物、對立的西方思維方式把握，便無法正解荀學。

（二）對「明智的取捨態度」的忽略非全由「西解」所致

蔡錦昌對於西解中學的批評是正確的嗎？在此，就以他論述龍宇純因西解「性惡」而錯解荀子的例子來為說明〔註65〕。蔡昌錦認為：「……荀子性惡之論絕對不可能是『本質性的惡』，而只可能是『就順之而無節而言姑且謂之為惡』的稱名。……在台灣的荀子研究者之中，最努力而且詳細往這方面作釐清工夫的是龍宇純。」〔註66〕「（對於荀學的『性』），龍氏偏重以比較正面的『質具』之說來註解荀子的『性』，而不像牟（宗三）、徐（復觀）以及他自己的老友勞思光那樣，偏重以比較負面的『好惡欲』來註解荀子的『性』。」〔註67〕「龍氏解法的稍大問題反而出在他的王牌——『質具』之說上。他是針對勞思光所認為的，荀子思想中真正糾結——『聖人能生禮義之根據為何？』的「基於」問題——而解說的。依他說，『能知仁義法正和能行仁義法正之質具』與『順之而無節則致亂的好惡欲之情』都是性中本有。至於聖人之所以能生禮義則因『積思慮，習偽故』而成。聖人所創生之禮義就是現代人所謂『在現實生活中，經長時期的摸索，所傳流下來為眾人肯定的立身行事的客觀規範。簡單說，便是人類生活的文化結晶。』龍氏如此解禮義之生，就會跟他所引荀子講的『積思慮，習偽故』有點扞格不入，而且沒有真正解決勞思光所提出的問題。因為龍氏此說仍然屬於一種『憑著性中有此質具而（歷經摸索沈澱）而成』的『基於』說，並非荀子在性惡篇中主張『其善者偽也』之本義。龍氏沒有注意到荀子講『塗之人可以為禹』的段落裡也提到：『塗之人能為禹未必然也。雖不能為禹，無害可以為禹。……用此觀之，然則可以為未必能也。雖不能，無害可以為。然則能不能之與可不可，其不同處遠矣。』〔註68〕依荀子之意，憑天生而有的質具，塗之人皆可

〔註65〕蔡文共以兩則例子說明。除了「性惡」的問題外，還從時人研究中對荀子「天人關係」問題的誤解為例子，來說明西解荀學的問題；進而，更就以指出西解荀學使得時人未能注意到「明智的取捨態度」才是荀學思想的精髓。
〔註66〕同註61書，頁10。
〔註67〕同註61書，頁10。
〔註68〕同註61書，頁11。

以為禹，但一定要明智地知道要做而且知道怎樣去做才比較有效才行──『今使塗之人伏術為學，專心一志，思索孰索，加日縣久，積善而不息，則通於神明，參於天地矣。故聖人者，人之所積而致矣。』在此──荀子連人如何成就為聖人的道理都說出來了──關鍵在於明智之知。有明智之知的人，自然就會明天人之分、勸學、學禮義、學止於一、貴當、非相、好辯、隆禮義而殺詩書、法後王、正名、主性惡之論、王者義兵、要求言有符驗和可設張施行等等，同時也要求配搭一種所謂『治氣養心之術』和『虛壹而靜』的解蔽之法。」〔註69〕

相對於勞思光等「道學派」的荀學研究，「文學派」的荀學解讀在蔡錦昌的眼裡算是比較符合荀學的原意〔註70〕，但是龍宇純以「性」中本有「能知仁義法正和能行仁義法正之質具」來回應勞思光的疑問，正是一種錯入西解中學的回覆，這種將人之所以能行善的「質具」之說，是將文本語詞對象化看待，順而追究行善之理據或理由的西解架構，是以忽略了荀學的關鍵──明智之知。蔡錦昌一文還表示荀子思想之精髓為「明智的取捨態度」，而「非歷來一般人所最重視的『性惡』之說，亦非龍宇純所謂『禮之宇宙本體論』，亦非牟宗三、徐復觀所重視的『天論』說，也不是其他人分科分門地重視『心』論、『名』論、『禮』論、『知』論，也不是有些搞思想史的人所重視的〈非十二子篇〉中的內容。」〔註71〕荀學思想的精髓確實為「明智之取捨態度」（論

〔註69〕 同註61書，頁11～12。

〔註70〕 蔡文將台灣的荀子研究者分為七類：（一）牟宗三與陳大齊，此兩人為台灣荀學研究提供了讀法和解法綱領，為五十年來最先出和最重要者的荀學大老；徐復觀、韋政通、勞思光等三人則稍晚出也稍次要：（二）前述第一類研究者的弟子，以牟宗三的弟子蔡仁厚、李滌生、周群振等比較突出：（三）龍宇純與熊公哲，他們的解荀風格接近傳統訓詁之學：（四）借引二次大戰後之「新西學」來講論荀子義理的張亨：（五）為了升等，因而撰寫有關荀子研究論文的大學老師，他們的荀學研究基本上借用或混用了以上四類老師輩所提供的論法，其中只有本文作者蔡錦昌的論法不但自創，而且跟所有台灣荀子研究者的取徑相反：（六）廖名春、馬積高等近十年被引進入台灣的大陸荀子研究者：（七）少數被翻譯為中文的非中文荀學研究，如柯雄文。蔡文將台灣地區的荀學研究劃分成「道學派」與「文學派」兩類：牟宗三、徐復觀、韋政通、勞思光、張亨等人屬前者；陳大齊、龍宇純、熊公哲等人屬後者。「道學派」，納荀子於「內聖外王」的道學框架中討論，著重荀子「性惡」之辨，貶多褒少，延續宋明理學以及德國觀念論的精神；「文學派」，視《荀子》為一般思想文獻處理，順其文義，尋其訓解，著重其「禮義積學」之論，貶少褒多，延續五四新文化運動的精神。同註61書，頁2～5。

〔註71〕 同註61書，頁12。

者稱此為「智德」），不過蔡文將這些進行荀學「現代詮釋」的學者全說成是因西解中學而誤解或不見荀學的思想精髓，那恐怕還有待商榷。

　　若說勞思光或龍宇純對於荀學「性」的解讀是「基於」的西解思維，那麼，此番思維不僅出現在五十年來的台灣荀學研究，早在北宋時就可以見得此般思維架構下所做的荀學反省，如胡瑗：「荀子非也。且人之性既惡矣，又惡知惡之可矯，而善之可為也？」〔註72〕胡瑗的發問不就是蔡錦昌所批評的「基於」思維，因而將性惡理解為「本質性的惡」，就此質疑荀學。如果說胡瑗之所以誤解了荀學也是因於西解中學的錯誤，那麼所謂的「中學西解」、「現代詮釋」對於荀學的誤解，可能還得將發生的時間至少往前推數百年。對此，當然不可能簡單將胡瑗的錯誤理解歸因於「西解」；不過，那究竟是什麼原因導致此般錯誤的理解？其實，類似的「基於」思維，並不難見，而且並不與「明智的取捨態度」相斥。以章太炎為例，對於荀學「性」的解法有這樣的見解：「孟子謂惻隱、羞惡、辭讓、是非四端，性所具有。荀子則謂人生而有好利焉，順是則爭奪生而辭讓已矣。是荀子以辭讓之心非性所本有，故人性雖具惻隱、羞惡、是非三端，不失其為惡。然即此可知荀子但云性不具辭讓之心，而不能謂性不具惻隱、羞惡、是非之心。」「且荀子云：『塗之人皆可以為禹。』孟子云：『人皆可以為堯舜。』是性惡、性善之說，殊途同歸也。荀子云：『人皆有可以知仁義法正之質，皆有可能仁義法正之具。』孟子云：『乃若其情則可以為善矣，乃所謂善也。』」章太炎所引用的《荀子》原文提到了「質」、「具」，荀學口中的「質」、「具」，難道不也是一種「基於」的說法嗎？由此，荀子就不能導出「明智之取捨態度」的重要嗎？難不成荀學本身即是一種西方的思維？章太炎對於荀學「性」的解讀不也正是順著荀學「基於」的思維所提出的「基於」的嘗試性解讀嗎？如是解讀又與「明智的取捨態度」有何矛盾？

　　蔡錦昌的用意無非是要告訴時人「明智的取捨態度」才是荀學的精髓，但他以西解中學的現象作為五十年來荀學研究「白忙一場」的原因，並不合理。事實上，蔡錦昌所批評的「基於」說，並非是一種「西解」，並非一種西方思維的「專利」。若真要論究誤解的原因，倒不如說是解讀者在未能力求「一致性」的解讀下，因著不合適的思想架構、因著片面的解讀或因於潛在對於詮釋結果的預設而導致的。「詮釋」一詞本指帶入理解的過程，在理解的

〔註72〕同註22書，卷一〈安定學案〉，頁34。

同時，解讀者注入了自己的意思開展出被詮釋者新的意義。正如韋政通對其荀子研究做的反省：「這個系統，只是根據我們對荀子思路的瞭解；並藉用他原有的觀念，替他架設的。不這樣做，就不合現代人理論表達的習慣；不合現代人理論表達的習慣，就不容易使具有現代頭腦的人接受。但架設的這個系統，即是我們的思構完成的，我們誰也不大敢說，這就是作者思想的眞正面目。因此使我知道，一本古籍，只是通過新方式整理過的，都必然包涵整理者帶進去的若干新的成分。一本整理古籍的新書，無論你對原書有多深的體會，仍只算是一家之言。所以一本重要的古籍，有幾本不同角度的研究報告，對讀者是有益的。」〔註73〕前已提及，過去以孟子爲儒家正統的思想氛圍將荀學所重視的智德思想給忽略了，如若能夠以一種合適的思想架構予以一致而非片面的解讀荀學，那麼無論展示出的新的詮釋成果爲何，都至少應被重視。

二、另一條詮釋荀學的路線

根據統計，台灣荀學研究成果累計有碩士論文四十多篇，博士論文近十篇〔註74〕。此外，收列於國家圖書館「中文期刊篇目索引影像系統」與「中國文化研究論文目錄」的單篇荀學研究報告，計有四百四十八篇〔註75〕。這些研究或依主題（如政治思想、經濟思想、天人關係、道德理論等）發展；或依用語（如：禮、心、正名、性惡等）發展，裡頭不乏對荀學表達肯定的態度；這些肯定相較於傳統對於荀學的評價，展現出當代學者對於荀學的重視。這份重視顯示了儒家的現代詮釋已漸漸由傳統的思維走出，當代應對荀學再做檢視，從中擷取出當代需求的儒學養份。

（一）衡定當代新儒家對於荀學所做的肯定

前已提及民國以前的荀學，較多是以潛在的性格來發展。回顧今昔的荀

〔註73〕韋政通：《荀子與古代哲學》（臺北：臺灣商務印書館，1997 年），頁 291～292。

〔註74〕此統計數，取自蔡錦昌的調查。同註61 書，頁 2。國內對於荀子的博碩士論文研究成果雖多，其中亦不乏具參考價值者；不過，這些成果鮮少與本研究的論題有關。

〔註75〕此統計數值，僅爲估算。這兩個搜尋系統所搜羅的資料有部份是重複的，因此事實上的研究成果數應小於搜尋統計結果。「中文期刊篇目索引影像系統」與「中國文化研究論文目錄」兩者網址分別爲：http://readopac2.ncl.edu.tw/ncl3/index.jsp 與 http://192.192.58.101/cult/。

學發展，蔡仁厚指出：「理學家認爲荀子言性惡，本源不透，因而加以貶抑，幾乎『不與同中國』。現在看來，荀子是委屈了（眞能體認荀子之價値者，要到民國以後）」〔註76〕此番言論不僅流露出對荀學的同情與肯定，亦指出當代荀學發展已不同於前。相較過去「抑荀子」，蔡仁厚以爲當代新儒家既講孔孟，亦講荀子，「荀子隆禮義的客觀精神，及其透顯知性主體的文化意義，在儒學史上都有特殊的貢獻。」〔註77〕

　　眞的是如此嗎？荀學隆禮義的客觀精神，在當代新儒家的眼裡，到底有什麼樣的特殊貢獻？在當代新儒家的心中，大概沒有人會爲孟子爲承繼孔子仁學的論點有所懷疑。孟子「性善」的提出，爲道德主體的挺立與可能提供了理據，通過其所建立的心性之學，將「仁學」的「主觀精神」與「絕對精神」內涵，予以進一步深化。以蔡仁厚的詮釋來看，「主觀精神是道德人格的根據，忽略於此，一切精神皆將失其本根」〔註78〕；「絕對精神則是一切精神的歸宿，忽略於此，則人類將失其安頓。」〔註79〕孔子「踐仁知天」，踐仁爲主觀精神，知天爲絕對精神；孟子「性善」立起了主觀精神，並由「仁者人也」、「盡心知性知天」透顯出「萬物皆備於我」及「上下與天地同流」的絕對精神。荀子相較於孟子，則是彰著於孔子的「客觀精神」。對於客觀精神，蔡仁厚指出：「天道天命常由孔子『道之不行也歟』的慨歎中透露出，而所謂『道之不行』的道，亦即『斯文在茲』的文，乃是歷史文化的意義。這歷史文化一面，即顯示孔子客觀精神之堅實與豐富。」〔註80〕荀子重客觀精神，順外王禮憲而開展，強調道德理性的開展，重視禮義之統。對於荀子承繼與強調的孔子「客觀精神」，蔡仁厚表示：「荀子講的禮義之統，是『義道』。義道不能沒有根，禮義法度亦不能沒有根。」荀子對義道之根、禮義法度之根，認識不透。「他從自然現象與人欲之私說『天』說『性』，恰好是孔孟與理學家所謂的『非天』『非性』。依正宗儒家，唯有仁義之心方是性，方是天；這一層義理是由孟子提醒，而荀子不知。因此，荀子所隆的禮義，只是繫於師法，成於積習，並沒有先天的內在根據。而他所講的禮義之統，亦遂成爲無有內在安頓與超越安頓的外在物，由此可知，荀子之主體精神與絕對精神皆

〔註76〕同註 15 書，頁 157。

〔註77〕同註 15 書，頁 158。

〔註78〕蔡仁厚：《孔孟荀哲學》（臺北：學生書局，1984 年），頁 364。

〔註79〕同註 78 書，頁 364。

〔註80〕同註 78 書，頁 363。

不顯，所顯者乃是客觀精神。而又因爲本原有所不透，其客觀精神亦並不眞能達到充其極的境地。」〔註81〕這段文字，清楚地表現了當代新儒家口中所謂的「既講孔孟，亦講荀子」，其實只不過是在他們所謂「正宗儒家」的思維認識下做的修補式反省。從他們的眼裡來看，荀子譏諷孟子「略法先王而不知其統」〔註82〕，孟子所不足的客觀精神，可由荀子來補足。

　　不過，對當代新儒家而言，荀學的「客觀精神」是必要的嗎？「荀子的思路，與儒家正宗的重仁系統似乎格格不入，反而與西方重智系統相接近。」〔註83〕「荀子用心的重點雖然不是落在知識性的問題上，但其基本精神與學術性格，則是主智的、經驗的。」〔註84〕「因此，要在中國文化或儒家重仁的系統中，使知性主體充分透顯出來獨立起，以自本自根地開展出知識之學，荀子的思路是必須鄭重正視而加以疏導的。而荀學的時代意義，亦主要是落在這裏說（至於由德性主體的良知、自覺地坎陷一步、轉而爲認知心，則是另一個講法）。」〔註85〕此三段文字是相同於對荀子客觀精神肯定的另一種不同的說法。要之，荀子客觀精神的內涵與時代價值：（一）荀學有別於儒家重仁系統，爲主智、經驗的；（二）荀學重客觀精神的時代意義爲使知性主體獨立起，達知識之學的開展。不過，蔡仁厚自己也認爲，荀學的客觀精神並非打開知識之學的唯一途徑；透過德性主體之「良知之自我坎陷」轉成爲認知心，知識自能打開。荀學終究有著基本的缺陷，而既然「良知之自我坎陷」可轉爲認知心，那麼「主觀精神」與「絕對精神」透不出的荀學，雖然強調「客觀精神」，卻仍免不了又使人問起：荀學眞爲儒家貢獻了什麼樣的特殊價值？

　　內聖外王是儒家的根本關懷，荀學亦同；但荀學若只是當代新儒家所詮釋的那般，那荀學最多不過是作爲所謂儒家正宗的補充；但這樣的補充對於儒家正宗而言，既非必要，亦顯多餘。以牟宗三爲例。牟宗三可謂盡畢生之力爲中國哲學進行現代詮釋的一位代表性人物。他那《中國哲學十九講》爲導讀性的哲學講錄，其中綜合了此書出版前所完成的《才性與玄理》、《佛性與般若》、《心體與性體》、《從陸象山到劉蕺山》等中國哲學各期思想著作，

〔註81〕同註78書，頁364。
〔註82〕《荀子‧非十二子篇》。
〔註83〕同註78書，頁530。
〔註84〕同註78書，頁530。
〔註85〕同註78書，頁530。

亦融入更早完成的《道德的理想主義》、《歷史哲學》、《政道與治道》、《認識心之批判》、《智的直覺與中國哲學》、《現象與物自身》等重要思想。《中國哲學十九講》一方面綜述、反映以往的著作思想；一方面爲日後出版的《圓善論》進行發展。就《中國哲學十九講》所呈現出與牟宗三先前所有著作的綜合及融入關係來看，本書裡卻沒有提及荀學，也就不難推想荀學在牟宗三心中的眞正價值究竟如何。〔註86〕

（二）儒家的德行傳統與荀學的智德

是否能夠在當代新儒家的詮釋架構外，另外爲荀學找出可能的詮釋路線？這可能的詮釋路線，並非單純地使荀學具有更多被理解的可能；更多的是希望能爲那些歷史中倍受批評卻始終發展的荀學思想進行澄清的工作。誠如上文所言，傳統的荀學發展一直被當作是失了內聖的外王努力，只是成就王霸、只是純爲私利。當然，新的理解荀學進路的找尋，勢必得有它合理的立基點。

當代新儒家常以孟子詮釋孔子，並與孔子連稱，孔子所謂的「仁」成爲「仁體」，具有本體之意，爲人之先天良知，爲道德實踐的本源，道德實踐的「德性主體」因而得以立之。人先天內在具有理想的道德品格，「學」的重要在使人的先天良知透過「學」而呈顯，此爲儒家正宗工夫修養的用意。不過，孔子並未將「仁」作爲「仁體」，這也就爲「德」與「學」的關係，留下可能的詮釋路線。

孔子「仁學」的提出，爲的是「周文」的疲弊現象。孔子畢生思考重心在如何恢復「周文」，「周文」不單是一套系統的實踐規範，其正代表著時人的價值觀。「周監於二代，鬱鬱乎文哉，吾從周。」〔註87〕在肯定「周文」的前提下，「仁學」的提出，爲「周文」注入創新的生命；此創新生命的注入，即道德生命的注入。「禮云禮云，玉帛云乎哉！樂云樂云，鐘鼓云乎哉！」〔註88〕「人而不仁如禮何？人而不仁如樂何？」〔註89〕《論語》對於「仁」的強調，使道德實踐不僅只是符合日常飲食綱常的倫理實踐，還具有對行爲

〔註86〕《荀學大略》早在《中國哲學十九講》前三十年出版。《荀學大略》出版於1953年，《中國哲學十九講》出版於1983年。

〔註87〕《論語·八佾篇》本研究凡引自《論語》、《孟子》、《大學》、《中庸》之原文，皆出自宋·朱熹：《四書章句集註》（臺北：鵝湖出版社，1996年）。

〔註88〕《論語·陽貨篇》。

〔註89〕《論語·八佾篇》。

者內在品格的要求。作爲全德,「仁」體現理想的道德人格必須兼具行爲合宜及完美品格,而「仁」德的獲致,必需透過歷時性的學習來逐步養成。《論語》清楚表示達致理想道德生命前的品格陶成歷程:「吾十有五而志於學,三十而立,四十不惑,五十而知天命,六十而耳順,七十而從心所欲不逾矩。」〔註90〕「志於學」,是志於學「禮」。此段文字說的正是人由對於「禮」的習得、依「禮」行之、通曉「禮」的原則及運用、獲知「天」與「禮」的關係,進而安於行「禮」與順心欲自然行道的品格養成的過程。相較周文,孔子顯示出重德精神。「仁」的理想生命必須藉重「學」才得以養成。是以,《荀子》無疑是順應孔子的,首篇〈勸學〉即在探討「學」與理想品格的關係,強調「德」的養成。

　　Jonathan W. Schofer 以爲德行的獲得可以分爲兩種模式:「發現」與「發展」;「發現」適用於孟子,「發展」則適用於荀子〔註91〕。荀學性惡,不似孟學將德行內在於心,是以得透過知性來習得,透過知性來發展德行,知性由之轉出爲智。由《荀子》來看,荀學首重雖在「智」德,看似不同孔子首重

〔註90〕《論語・爲政篇》。

〔註91〕Jonathan W. Schofer, "Virtue in Xunzi's Thought", *Journal of Religious Ethics* 21-1, 1993, pp. 117~136. Also in *Virtue, Nature, and Moral Agency in the Xunzi*, edited by T. C. Kline III and Philip J. Ivanhoe (Indianapolis / Cambridge: Hackett, 2000), pp. 69~88。按 Jonathan W. Schofer 的說法,孟子與荀子皆重視「德行」,差別在於以前者就先天道德心的立場,「德行」當是一種「發現」的型態,而後者言「性惡」,「德行」是由後天的「發展」而成。無論是孟子或荀子皆肯定「德行」在道德踐履中所扮演之不可或缺的角色。從孟荀對於德行的重視來看,儒家實當以德行倫理學來看待,潘小慧指出:「孔、孟、荀儒家並非純粹一種倫理學可以涵蓋,應可理解爲既關注「去做」(行爲),亦關注「成爲」(德行)之倫理學型態。意即它基本上是兼重德行與原則的綜合型態,若強爲之分辨孰先孰後,吾人以爲應理解成以德行倫理爲主,兼採義務論倫理之綜合型態。」潘小慧根據儒家對於人性論探討的重視、關懷道德人格的挺立、德行是自我必須在與他者的互動中完成的品格、肯定個人之自由意志及每個人皆內在本具可完美性等處衡定儒家倫理學主要是一種德行倫理學。潘小慧:〈德行倫理在中西〉,編錄於《第三個千禧年哲學的展望:基督宗教學與中華文化的交談會議論文集》(臺北:輔仁大學出版社,2002 年),頁 277～279。本研究在對荀子智德思想及社會倫理之意涵進行解讀,跳脫以往以孟子詮釋荀子的架構,嘗以德行倫理學爲參照系,爲荀子思想重新進行審視。此外,本研究以荀子「智」德爲核心,尤之擴及談論他建構社會倫理的意涵,希以此核心擴充方式解讀荀學;在其他研究方法上,爲使論述更具效力,在必要之處將歸納《荀子》原文以爲理據或採時賢的研究成果爲輔助,作爲支持。

「仁」德；然荀學「智」德包含有「仁」德於其中。當代新儒家雖曾留意於荀學對於知性的強調；不過，卻不以爲荀學的知性主體能夠成就理想的道德生命。論者以爲，這或許正可作爲一項審視荀學的起始點：在肯認荀學同孔子重德、學以進德的前提下，重新理解荀學「智德」的可能與內涵。當代德行倫理學（Virtue Ethics）緣自於重知性的亞里斯多德（Aristotle）傳統，無論是理想生命或理想城邦皆是由智德（*Phronesis* / Prudence）〔註92〕──知性的卓越品格──展開出。研究荀子若是由「智德」作爲出發，或許一切有關於他舊有的肯定或否定的評論，恰可藉此核心思想的開展得到澄清。

　　荀子倡智德，智德爲德行實踐、倫理實踐的核心樞紐；不過，它並不是與生俱來的品格。「化性起僞」爲荀子倫理思想中一項重要命題，《荀子》云：「人之性惡，其善者僞也。」〔註93〕「人之性惡明矣，其善者僞也。」〔註94〕相較於「僞」意指的人爲之意，「性」則是「天之就也」〔註95〕，是「生之所以然者」〔註96〕，爲「本始材樸」〔註97〕的，爲「不可學，不可事」〔註98〕，是「感而自然，不待事而後生者也。」〔註99〕「性」爲天生的、自然的。在荀學性惡的思想底下，德行必須經由後天的陶成，此與德行倫理學視德行爲一種後天養成的品格論點一致。理想生命當具有德行，德行是自然生命通過「僞」將具實踐倫理品格之可能的自然傾向，轉變爲真正倫理品格的傾向之後的一種顯示於具體行爲中合乎善的「欲」的表現，德行是自然生命經由陶成所成就的良好品格。荀子云：「僞者，文理隆盛也。」〔註100〕「僞」的最終目的在成就理想品格，此般實現的可能性根據及對象在生命的自然傾向；荀學以智德貫穿「化性起僞」，「智」的追求過程是爲成就此番實現的方法。當代時賢不乏有重視荀子之「智」的；不過，卻不以「智」當作荀學所謂理想生命具有的良好品格。

〔註92〕亞里斯多德智德（或者稱作實踐智慧）希臘原文爲 *Phronesis*，英譯作爲 prudence / wisdom / practice wisdom / intelligence 等。
〔註93〕《荀子・性惡篇》。
〔註94〕《荀子・性惡篇》。
〔註95〕《荀子・性惡篇》。
〔註96〕《荀子・正論篇》。
〔註97〕《荀子・禮論篇》。
〔註98〕《荀子・性惡篇》。
〔註99〕《荀子・性惡篇》。
〔註100〕《荀子・禮論篇》。

　　以牟宗三對荀子的評論爲例。在牟宗三來看，荀學因言「性惡」，是以相較於孟子言「性善」立道德主體，他則是「大本不立」〔註101〕的。牟宗三以爲「其（荀子）所隆之禮義繫于師法，成于積習，而非性分中之所具，故性與天全成被治之形下的自然的天與性，而禮義亦成空頭的無安頓的外在物。……荀子只知君師能造禮義，庶人能習禮義，而不知能造能習禮義之心即是禮義之所從出也。荀子之心思一往而不反，故其誠樸篤實之心只表現而爲理智的廣被，……誠樸篤實之人常用智而重理，喜秩序，愛穩定，厚重少文，剛強而義，而悱惻之感，超脫之悟，則不足。」〔註102〕他還說：「荀子誠樸篤實之心表現而爲明辨之理智，故重禮義，亦深識于禮義。……理智之心之基本表現即爲邏輯，此是純智的。邏輯之初步表現即在把握共理，由之以類族辨物。故荀子喜言統類也。由此基本精神轉之于歷史文化，則首重百王累積之法度，由此而言禮義之統。」〔註103〕牟宗三說荀子的「心」是「誠樸篤實之心」，「表現爲明辨之理智」，是注意到荀子重知性的一面；但他並未識出荀子陶成知性成就智德的一面，以至釋荀學禮義是「空頭的無安頓的外在物」。

　　牟宗三的論斷是以純知性的意涵來把握荀子所謂的「心」。牟宗三指出：「孟子之心乃『道德的天心』，而荀子于心則只認識其思辨之用，故其心是『認識的心』，非道德的心也；是智的，非仁義禮智合一之心也。可總之曰以智識心，不以仁識心也。此智心以清明的思辨認識爲主。荀子〈解蔽篇〉即在解人之蔽以恢復其清明之智心。……此種智心最易爲人所把握，所了解。西方重智之文化系統，其所把握之心固是此智心，即道家之道心亦是此虛一而靜之智心。智心有兩層：一是邏輯思辨的，一是智的直覺的。前者爲知性層，後者爲超知性層。雖有兩層，統名爲智心，亦可統名爲認識心。西方哲學所把握者，大體以知性層爲主。荀子雖言虛一而靜，然亦只落于知性層。惟道家之虛一而靜之道心，則屬于超知性層。在西方，惟康德能善言『道德的心』。在中國，則由孟子以至宋明儒者皆精言之，以『以仁識心』爲主流。以『以智識心』易爲人所把握，而『以仁識心』則不易爲人所喻解。」〔註104〕「荀子只認識『智心』，而不認識『仁心』，……以仁識心，表現道德主體，

[註101] 牟宗三：《名家與荀子》（臺北：臺灣學生書局，1979 年），頁 198～199。
[註102] 同註 101 書，頁 198。
[註103] 同註 101 書，頁 200。
[註104] 同註 101 書，頁 224～225。

使人成爲道德的存在。以智識心，表現思想主體（或知性主體），使人成爲理智的存在。而中國文化中之荀子正是與西方文化之主流同其路向。凡只以智識心者，對于人性俱無善解，此西方人文主義之所以不彰，故亦不能立『人極』也。」〔註105〕若依牟宗三的把握來理解《荀子》所謂的「智」，或所謂「大清明之心」；那麼，「心」就只是具有知性表現的意義。從牟宗三的評述來看，清楚可見牟宗三只是將荀子的「智心」以知性層來把握，只是就「心」的思辨之用來理解「智」，是以荀學的「智心」與孟子收攝仁義禮智的「仁心」不同，前者只是挺立了思想主體（或知性主體），後者則是表現了「道德主體」，爲「道德的心」。荀孟的差別，按牟宗三的見解來看，在於荀學是以「以知識心」，孟學則是「以仁識心」。牟宗三認爲荀子只是「以智識心」、只是表現了思想主體、知性主體，並將西方文化特色以同他對於荀學的解讀來理解。

　　牟宗三對於正統儒學的道德主體有其自身的理解，是以他以爲中國文化中能善言此內涵者爲孟子以至宋明儒者，而西方能把握此主體者，唯有康德，這也難怪他論斷荀學與其他西方文化難立「人極」。推究此論斷之原因，大抵是因爲牟宗三認定荀學及其他西方文化對於人性理解不切所致，對於荀學的人性觀，牟宗三這樣評述：「荀子只認識人之動物性，而于人禽獸之區以別之眞性則不復識。此處虛脫，人性遂成漆黑不團。」〔註106〕但是，如是評斷，無論是就荀學本身，亦或是就西方文化看來，都是不公允的。相較於孟學，荀學強調「禮義之統」，確實看重了知性的層面，荀子的確不同孟子立先天的良心爲成就道德的可能；不過，他最終的關注，卻不止於成就知性主體，更重要還在理想道德生命的完成，制訂禮制與遵行禮制的可能性，倘若只是以知性層理解的「心」來解釋，將是無法完成的。就心的結構來看，心除了具有知能之外，還具有意志之自然的向善傾向，這向善的傾向說明著制禮與行禮的主動性與能動性；然而，牟宗三卻不識此項事實。

　　牟宗三的評論顯示他是將「知性」與「道德」劃分開來，在他眼中荀學言「智」，是就「心」的知性面、認識面、思辨面、邏輯面來使用的，是以有著對於生命之於道德的「悱惻之感，超脫之悟，則不足」的評論。的確，從荀學對於「智」的重視，說他是「以智識心」，並無不可。不過，荀學並不只

〔註105〕同註 101 書，頁 225。
〔註106〕同註 101 書，頁 224。

是以「知性層」來解「智」。就其思想中「智」與諸德的關係來看，他是將「智德」提高至全德的位置，將其他的德行統攝其中，荀學「以智識心」，是在以「智」把握理想生命的全幅展現。

「智」是西方德行倫理學傳統中，一項重要核心概念。西方德行倫理學緣自於重知性的亞里斯多德（Aristotle）傳統，無論是理想生命或理想城邦皆是由智德（Prudence）──知性的卓越品格──展開出，他們以「智德」為核心所建構的倫理學系統特別看重人性結構中本具有的意志向善傾向、人生追求的最終目的、德行一體論等側面。荀學除了在德行當由後天陶成得來與西方德行倫理學有著一致性外，對於「智」的強調，無謂是就其內涵、作用或他與諸德的關係來看，也皆與西方德行倫理學傳統一致。荀學的倫理思想首倡「智德」，「智德」為後天陶成的良好品格，此品格之可能性在「心」本來具有之知能及向善之意志，由知性主體成就出的「智德」生命即是一道德生命，目的在參天地之道德，在落實天之則於人事的倫理活動，是「天德」於人事的落實。一個具有「智德」的生命，在倫理活動的抉擇與表現上，無不表現出相關要求的德行；荀學實當以德行論來理解。

在傳統以視孟學為正宗儒家主流的視野下，荀學自難獲得真正的對待，當代雖對於荀學嘗有重新的認識，其中部份也肯認了荀學的價值，但仍舊難脫傳統理解荀子的詮釋架構。在這樣的理解下，荀學實難有獨立的價值，對他有的肯認只能當作是對於正宗儒學的補足。相對地，荀學則與西方德行倫理學有許多若合符節之處，本研究以德行倫理學為進行荀學詮釋的參照系，或可為荀學於傳統的誤解提供一些澄清；不過，荀學雖為德行論，但是就「智德」的內涵及其展現倫理活動時所依持之理據、理想生命的內涵來看，他與德行倫理學的傳統──亞里斯多德──有著差異。通過荀學與亞里斯多德兩者「智德」差異的比較，或可為荀學的「智德」思想提供一些反省，或可為荀學的現代化提供一些可貴的質素。

第二章　荀子的智德思想

　　《荀子》部份思想的衡定，一直以來爭議不斷。無論傳統或當代，對於荀學的研究多著重於「禮」、「性」、「天」等議題爲論述重點，本章則期以荀學的「智德」爲論述核心，說明荀學智德思想的架構並依之而對於傳統或當代若干荀學的衡定再做討論。根據王先謙《荀子》本（光緒十七年，1891 年刊），《荀子》全書提及「知」高達四百七十六次〔註1〕，提及「智」有計八次〔註2〕，而「知」的部份至少有五十處可與「智」通〔註3〕。這顯示出荀學的智德思想必須要從「知」、「知」與「智」的關係等處來進行分析。就此，以下論述將分三節進行：一、智德爲道德高度發展的生命所具有的一種穩定、關乎倫理實踐的理智德行；二、積慮成智的可能性及主智精神；三、本於立人道之智德的「不求知天」與「知天」觀。論者以爲荀學本孔孟，爲德治主義，其理想生命即道德生命、爲具智德的生命。

　　自然生命的教化雖然始於聖王所制之外在禮制；但這並不使荀學落爲極端的人治——權威主義。荀子思想中的智德爲自然生命之「知」能，轉爲道德生命所後表現出的一種關於倫理實踐的實踐智慧。當代時賢嘗評論荀學具有科學精神或潛藏具有發展科學的可能；但從荀學思想裡頭智德的對象看來，如是評論並非事實。智德的養成必須要能先立於人自然之性之向善傾向上，方爲可能，荀子「心」之「志」的向善傾向爲之提供了實踐的基礎。此

〔註1〕 劉殿爵：《荀子逐字索引》（香港：香港中文大學中國文化研究所，1996 年），頁 748。
〔註2〕 同註 1 書，頁 760。
〔註3〕 潘小慧：《四德行論——以多瑪斯哲學與儒家哲學爲對比的探究》（臺北：哲學與文化月刊雜誌社，2007 年），頁 76。

外，論者以爲解讀荀子相較於孟子是偏重於「客觀精神」的，固是不錯；但說荀子的「客觀精神」在「性惡」、「釋天爲自然」的脈絡中，是空頭的、無安頓之所，則不免有失公允。最後，荀子的政治理想同孔孟倡王道，但是傳統以來的解讀，卻多將荀學理解成爲是重王霸、尙功利，實在是因於《荀子》強調智德於政治上的特殊運用，爲人所忽略。

第一節　智德爲道德高度發展的生命所具有的一種穩定的、關乎倫理實踐的理智德行

荀學的理想道德生命爲聖人境界：「學惡乎始？惡乎終？曰：其數則始乎誦經，終乎讀禮；其義則始乎爲士，終乎爲聖人。」〔註4〕對於荀學而言，人類本有著天生的官能，但不具實踐的智慧。理想道德生命的實現由自然生命歷經時間逐漸轉化提昇而成。自然生命與道德生命的分別在智德的具有與否。聖人──理想生命典範──除了外顯行爲符合具時代意識的禮制規範外，其生命內在的合理，是從心所欲不逾矩的，非勉而行之的，爲自然而然的。自然生命完全異遷變化後的理想生命是毋危懼、毋自強，所發出的情欲已別於生命的其他階段。就理想生命之思慮作用所顯示的自然、無爲且合理的特徵來看，其生命已內化有道、具有智德。智德是一種關於倫理實踐的理智德行，爲道德高度發展的生命所具有的穩定品格。在此，擬分以兩次進行分述：一、智德與聖人生命；二、智德的內涵與作用。

一、智德與聖人生命

「智」與「仁」爲儒家道德生命的重要品格。孔子嘗言「君子道者三，吾無能焉；仁者不憂，知者不惑，勇者不懼。」〔註5〕與「知」、「勇」並列的「仁」，乃是「偏言之仁」。「仁」除了作爲「偏言之仁」，孔子另外又以「仁」爲首德，囊括一切諸德行，爲「專言之仁」，爲首德、爲全德〔註6〕。「唯仁者

〔註4〕《荀子·勸學篇》。
〔註5〕《論語·憲問篇》。
〔註6〕「仁」字的使用，有著同字多義的情形。在此，論者對於「仁」字的使用，是以伊川「專言之仁」及「偏言之仁」來把握。若將「仁」作爲一種特殊德行來看，那麼「仁」與其他德目或德行，爲一種平行的關係。另外，孔孟在描述或推崇理想生命型態時，常以「仁」作爲代稱，若從此脈落來看，「仁」乃作爲全德。在「仁」爲全德的意義底下，「仁」乃包括其他所有的特殊德行。

能好人，能惡人。」〔註7〕「仁者必有勇。」〔註8〕具「仁」（專言之仁）者，不僅是止於「仁」（偏言之仁），且包括由「知」成為好人、惡人之「智德」及「勇德」。孟子與孔子相同，一方面將「仁」與其他德行並列，他提出「仁」、「義」、「禮」、「智」四德；一方面則延續孔子以「仁」為首德：「仁，人心也」〔註9〕，為「天之尊爵，人之安宅。」〔註10〕由「仁」與其他德行的包攝關係來看，孔孟思想中的理想生命型態，即具「仁」德的生命。

（一）「智」德與「仁」德

相較於「仁」作為首德、全德，「智」則同其他的德行是一種特殊的德行。「仁」作為全德時，與「智」的關係在孔子那裡，為「由仁顯智」、「智從仁行」、「以智輔仁」。「唯仁者能好人，能惡人」，「仁者必有勇」，「由仁顯智」為指具「仁」之人，同時也兼具其他「智」、「勇」德行，仁者表現具有「智」。所謂「智從仁行」，指「智」的表現、方向以「仁」為準據。為以擇居所處為例，《論語》有云：「里仁為美。擇不處仁，焉得知。」〔註11〕一個人具有「智」與否，端賴是否選擇與具有「仁」德之人的所在處來居住。如果不與有「仁」者為鄰，則無法有「智」，亦當然稱不上有「智」。又如《論語》云：「仁者安仁，知者利仁。」〔註12〕一個說得上具「智」者，除了認識到「仁」，還會順之去實行「仁」。「仁者安仁，知者利仁」與由「仁」可顯「智」相配，也可說明一位具「仁」之全德的人會表現出「智」。具「仁」德者有「智」，對於「仁」有認識，並依之實踐。「以智輔仁」所指的是「智」為達致全德之「仁」的條件與手段，一個尚未具「仁」之人，可由對「智」的培養來發展「仁」。正如《論語》云：「未知，焉得仁？」〔註13〕就諸種道德品格的價值而言，「仁」德高於「智」德。孔子雖說「我欲仁，斯仁至矣！」〔註14〕不過，「仁」德的實現必須經歷後天的歷程，「博學而篤志，切問而近思，仁在其中矣。」〔註15〕「『仁』得通過『博學』、『篤志』、『切問』、『近思』

〔註 7〕　《論語・里仁篇》。
〔註 8〕　《論語・憲問篇》。
〔註 9〕　《孟子・告子上篇》。
〔註 10〕　《孟子・公孫丑上篇》。
〔註 11〕　《論語・里仁篇》。
〔註 12〕　《論語・里仁篇》。
〔註 13〕　《論語・公冶長篇》。
〔註 14〕　《論語・述而篇》。
〔註 15〕　《論語・子張篇》。

等追求『智』的過程來實現。」〔註16〕

　　「仁」若爲殊德，那麼「仁」與「智」則分別爲理想生命表現的部份，子貢云：「學不厭，智也，教不倦，仁也。仁且智，夫子既聖矣乎！」〔註17〕儒家的理想生命爲聖人；就此而言，聖人乃是「仁」與「智」兼備的。若從全德的角度觀之，則孔子思想是以「仁」爲核心，堪稱以「仁」爲首德、全德而發展，後人稱爲「仁學」。孔子在論學與論人時，不乏表現貴「仁」的立場。在論學方面，有所謂「君子去仁，惡乎成名。」〔註18〕「君子無終食之間違仁，造次必於是，顚沛必於是。」〔註19〕在論人方面，對於令尹文子，則說「忠矣，未知焉得仁。」〔註20〕對於陳文子，則說「清矣，未知焉得仁。」〔註21〕在政事上，「爲政以德，譬如北辰，居其所而眾星拱之。」〔註22〕以德爲立政之本，爲德治主義，強調以「仁」成就內聖以開出外王。

　　熊公哲指出：「汪容甫荀卿通論曰：荀子之學出於孔子。信哉！荀子之學出於孔子也！是故孔子之學歸於仁，學者知之。荀子之學，亦歸於仁；學者未必知也。荀子之仁，要於禮，學者知之。孔子之仁，亦要於禮；學者未必知也。」〔註23〕儒學的發展，基本上是延續並發揮孔子的「仁學」思想；對

〔註16〕　胡啓勇：〈先秦儒家「智」德思想述略〉，刊於《蘭州學刊》（甘肅：蘭州大學，2006 年 12 月），第十二期，頁 33。

〔註17〕　《孟子·公孫丑上篇》。《孟子》一書記載了孔子與子貢的對話：「昔者子貢問於孔子曰：夫子聖矣乎？孔子曰：聖則吾不能，我學不厭，而教不倦也。子貢曰：學不厭，智也，教不倦，仁也。仁且智，夫子既聖矣乎！」

〔註18〕　《論語·里仁篇》。

〔註19〕　《論語·里仁篇》。

〔註20〕　《論語·公冶長篇》。

〔註21〕　《論語·公冶長篇》。

〔註22〕　《論語·爲政篇》。

〔註23〕　熊公哲：《荀卿學案》（臺北：臺灣商務印書館，1967 年），頁 45。熊公哲認同汪容甫對於荀子的評論，不過熊氏指出汪容甫雖言「荀子之學，出於孔子」，卻未就荀子出於孔子者爲何的問題提出說明。熊公哲認爲荀子出於孔子者爲「仁」，並爲之提出理據。他認爲荀子論道時提出：「先王之道，仁之隆也；比中而行之。曷謂中，禮義是也。」《荀子·儒效篇》「道者，非天之道，非地之道，人之所以道也。」《荀子·儒效篇》故熊氏結論「荀子固以爲仁者之道之極，禮義是也。孔子之道，亦仁而已矣。此其所以出於孔子者也。」荀子提出「仁之隆」，可見與孔子同；不過，荀子卻又言「曷謂中？禮義是也。」似又不同於孔，荀子因此易被解讀成爲是「重禮義」的禮治思想。熊氏爲荀子於此看似不相容孔子處，提出澄清：「荀子固又曰：曷謂中？禮義是也。豈亦孔子説乎？曰：七十子之爲孔子所亟稱，而子貢之徒，所自以爲不及者，

於荀學的評論，自然也是在這樣的基礎下進行。熊公哲這般肯定荀學出於「仁」學的解讀，非爲共識；傳統與時賢的評論，與熊氏「荀子之學，亦歸於仁；學者未必知」的觀察相符合。

　　以韋政通爲例。韋政通指出荀子與孔孟的差異在，「……不知由孔孟一系之發展，其所欲極成者在內聖之人格；欲成就內聖之人格，故重視主體（仁、心、性）。荀子自始即舍心性（德性義）而轉重禮文，其所欲極成者在外王之治，不在內聖人格。孔孟與荀子之聖人，固同可說篤行，而孔孟聖人之篤行，在德性人格之實踐；荀子聖人之篤行，則在經國定分，明分達治。」〔註24〕韋氏評論荀子不採德性義的心性，是對的；但是說荀子所欲極成者在外王之治，不重內聖人格，則偏失了。荀子雖未肯定仁、心、性爲道德的先天根據；但是荀子同孔子是重「仁」的，卻也是事實。《荀子》以「成人」、「君子」〔註25〕、「至人」、「大儒」、「聖人」、「聖王」等名稱指稱理想生命；對於理想生命，《荀子》有如下云：

> 君子知夫不全不粹之不足以爲美也，故誦數以貫之；思索以通之；爲其人以處之；除其害者以持養之。使目非是無欲見也，使耳非是無欲聞也，使口非是無欲言也，使心非是無欲慮也。及至其致好之也，目好之五色，耳好之五聲，口好之五味，心利之有天下。是故權利不能傾也，群眾不能移也，天下不能蕩也。生乎由是，死乎由

固莫如顏回。而回之問仁，孔子即告之曰：克己復禮爲仁，請問其目。則曰非禮勿視。非禮勿聽。非禮勿動。非禮勿言。孔子所謂仁，亦禮而已矣。由是言之。荀子所謂禮義是也者，其與孔子固亦先後同揆也。」汪容甫所言，請見清・汪中：〈荀卿通論〉，此文編入唐・楊倞注，清・王先謙集解：《荀子集解・考證》（臺北：世界書局，2005年），頁23。熊公哲的論述，見《荀卿學案》，頁43～45。

〔註24〕　韋政通：《荀子與古代哲學》（臺北：臺灣商務印書館，1997年），頁40。

〔註25〕　「士」、「君子」、「聖人」爲《荀子》一書中分別人格型態時，最常見的一種分類方式，譬如〈修身篇〉有云：「好法而行，士也。篤志而體，君子也。齊明而不竭，聖人也。」〈解蔽篇〉有云：「嚮是而務，士也；類是而幾，君子也；知之，聖人也。」不過，這樣的分類方式，並不是唯一型態，《荀子》亦嘗論「儒」，將「儒」依品格區分爲：大儒、雅儒、俗儒、陋儒、腐儒、散儒、賤儒等。此外，這樣常見的分類方式，也不是嚴格使用的。以「君子」類爲例，翁惠美便指出：「荀子書中『君子』一詞之範疇，大抵有二：一乃泛指成德之人，與不事修爲之小人相對舉。此處之『君子』意義較廣，可包含士、君子、聖人等有德行之人。」是以，「君子」一詞有時作爲與「聖人」有別的品格，有時則同「聖人」可作爲理想生命。關於翁惠美的分析，請參閱翁惠美：《荀子論人研究》（臺北：正中書局，1988年），頁35。

是，夫是之謂德操。德操然後能定，能定然後能應，能定能應，夫
是之謂成人。天見其明，地見其光，君子貴其全也。〔註26〕

孔子以德、禮爲本，以政、刑爲末，奠定了德治的型範。孟子延續孔子內聖
推拓至外王的途徑，尙論王道，講「施仁政於民」與「發政施仁」，由以羊易
羊的故事，提點齊宣王「是心足以爲王」，一同孔子以德治爲本，重視內聖之
人格。荀學「君子」「貴其全」，意指珍惜其自身德行的完美。「涂之人──百
姓，積善而全盡謂之聖人。」〔註27〕「故君子務脩其內而讓之於外，務積德
於身而處之以遵道；如是，則貴名起如日月，天下應之如雷霆。」〔註28〕所
謂聖人，爲「全盡」者，即具有完美的品格，此得透過「誦數」、「思索」等
方法來完成。所得「全盡」之品格，即「德操」。〔註29〕

是以，荀子對於理想生命之品格的重視，是清楚的。荀子同孔子重「仁」，
《荀子》書中的「故勞苦彫萃而能無失其敬，災禍患難而能無失其義，則不
幸不順見惡而能無失其愛，非仁人莫能行」〔註30〕、「故仁者必敬人」〔註31〕
等段落，皆可爲重視「仁」之例證〔註32〕。荀子除了以「仁」作爲心中理想
品格的部份描述；他亦以「仁」爲全德、爲首德。「聖人」爲荀學中的理想生
命，「聖人」的生命是內化有道，能「縱其欲」，「兼其情」，而不悖理。《荀子》
云：「聖人縱其欲，兼其情，而制焉者理矣；夫何彊！何忍！何危！故仁者之
行道也，無爲也；聖人之行道也，無彊也。仁者之思也，恭；聖人之思也，
樂。此治心之道也。」〔註33〕具有「仁」德者和聖人一樣是自然行道，是「無
彊」、「無忍」、「無危」的。就此，可以知道具有「仁」德的人，其生命亦內

〔註26〕《荀子・勸學篇》。
〔註27〕《荀子・儒效篇》。
〔註28〕《荀子・儒效篇》。
〔註29〕理想生命者具有「德操」。郝懿行注「德操」爲「謂有德而能操持也。」梁啓
雄：《荀子集解》（臺北：臺灣商務印書館，1993 年），頁 11。
〔註30〕《荀子・子道篇》。
〔註31〕《荀子・臣道篇》。
〔註32〕除了文中所論述的以外，《荀子》其他篇章亦可找得出其他支援外王的推拓是
立基於內聖人格的文字。茲舉幾例證明：〈議兵篇〉明論仁人之兵，當之者潰，
仁人之國，反之者亡。〈富國篇〉有「治萬變、材萬物、養萬民，兼制天下者，
爲莫若仁人之善也夫！……其德音足以化之。」〈榮辱篇〉云：「故仁人在上，
則農以力盡田，賈以察盡財，百工以巧盡械器，士大夫以上至於公侯莫不以
仁厚知能盡官職，夫是之謂至平。」荀子分明是重視內聖人格的，且以立德
爲基來完成外王之推拓；但是，韋政通卻論斷荀子是禮治主義。
〔註33〕《荀子・解蔽篇》。

化於道，即爲聖人〔註34〕。以此推之，荀子雖倡禮文，但是對孔孟之以內聖推拓至外王的德治精神亦是遵守的；禮文的強調仍是以內聖之人格爲基，荀子藉之將內聖推拓外王的理想，予以現實化、組織化，未悖德治理想。

對於「智」德，荀子亦同孔子將「仁」德並列，強調「仁」、「智」並重，例如：「孔子曰：夫玉者，君子比德焉。溫潤而澤，仁也；栗而理，知（智）也；……」〔註35〕此段談及「仁」、「智」、「義」、「行」、「勇」、「情」、

〔註34〕本處論述重點不在於荀子如何藉由「禮」落實儒家內聖推拓外王的理念；此部份將另安排於下文。本處旨在釐清相較於禮如何落實此般理念的先在問題：（一）荀子思想是重視內聖的人格的嗎？（二）若是，則此內聖的人格主要指的是什麼？成就此人格的關鍵又是什麼？就此看來，第一個問題的答案，是肯定的。其實，韋政通自己也留意到《荀子》確實有符合德治的文字。不過，他卻不將荀子解釋爲德治，韋氏說：「儘管荀子書中亦偶然可以找到符合德治的話頭，如『故仁人在，則農以力盡田，賈以察盡財……夫是以謂人倫。』（榮辱篇）又如：『人主其有明其德，則天下歸之。』（致士篇）可是我們並不能就此證明荀子具備孔孟式的德治思想。」他推斷《荀學》之所以有德治一類的文字，原因有二：（一）德治主義爲儒家政治思想的傳統，荀子雖有意要另闢新途徑，但是在意識中卻未能擺脫傳統的影響，故在不自覺中夾帶出類似德治的言論：（二）在荀子的心目中，「仁」、「德」等名詞的涵義，不必同於孔孟思想中有使用的意義；「所謂仁，所謂德，都是以禮義爲標準來說的。」關於這兩種說明，論者不必一一討論，因爲對於第一種說法，韋氏自己已說是「本於我們的推測」，這明顯不具理據支持。關於第二種說明，韋氏以《荀子》兩段文字爲根據：「將原先王，本仁義，則禮正其經緯蹊徑也。」以及「學至乎禮而止矣、夫是之謂道德之極。」根據這兩則文字，韋氏判斷：「荀子所說仁與道德，無異是禮的代名詞。」韋氏以爲荀子是禮義一元論的，爲禮治主義，「荀子的治道，以禮義爲本。禮義並不本於德性，禮義就是治道的最後根據。」韋氏以禮治主義解讀〈臣道〉中「治人」的本性（按韋氏的說法，所謂「治人」意指篤行之人）不是由主觀的德性定之，而是由客觀的禮義定之；而「治人」「落在治道之用上說，他的目的，亦不在使人各歸自己，各正性命，成爲一道德的存在；而只是要人落在差等之分位中，成爲一禮義的存在。」韋氏援用的這兩則文字，事實上指的是先王之仁義以透過禮爲開顯之途徑，而學者習禮不只是令自身成爲一禮義的存在，還令自身通過習禮漸次成爲具仁義之德者。〈勸學篇〉指出「讀禮」的意義是「始乎爲士，終乎爲聖人。眞積力久則入，學至乎沒而後止也。」荀子理想的道德生命不只是合禮，還要念念積累使自身具德，所謂「道德之極」實指爲此；若是依韋氏的解法，則何以還需要「學至乎沒而後止也」呢？若從韋氏來理解荀子，那麼所謂的篤行之人的人格，都將只不過是符合禮義的存在；便即是「聖人」也將失去孔孟那般道眞正內化於生命的內聖人格義。本注提及關於韋氏的觀點，請見同註24書，頁90～92。

〔註35〕《荀子·法行篇》此段落完整內容：「夫玉者，君子比德焉。溫潤而澤，仁也。栗而理，知也。堅剛而不屈，義也。廉而不劌，行也。折而不撓，勇也。瑕

「辭」等諸種德行；其中，以玉的柔潤且有光澤來比喻君子的仁德，以玉的堅實且有條理來比喻君子的智德。荀學思想中論及的德目相當多，而「智」與「仁」，爲諸種殊德中的一部份；是以「仁」與「智」是並列的。例如：「不知其無益，則不知（智）；知其無益也，直以欺人，則不仁。不仁不知（智），辱莫大焉。」〔註36〕又如：「故知（智）而不仁，不可；仁而不知，不可；既知（智）且仁，是人主之寶也，而王霸之佐也。」〔註37〕這兩則文字可說明「仁」與「智」的並重關係，故言「知而不仁，不可；仁而不知，不可」，而要能「既知且仁」、仁智兼備，而不仁、不智者，是辱莫大於此。

　　「智」與「仁」的並重關係，不只在「仁」作爲殊德時是如此。論「智」與作爲全德之「仁」的關係時，荀學的「智」不同於孔子「智」與「仁」的關係。孔子「智」與「仁」的關係，只是「由仁顯智」、「智從仁行」、「以智輔仁」，「仁」爲全德、爲首德；「智」則爲殊德、次德。《荀子》一書，亦將「智」德同「仁」德提昇至全德的高度，指稱理想人格：「好法而行，士也。篤志而體，君子也。齊明而不竭，聖人也。人無法則倀倀然。有法而無志其義則渠渠然。依乎法而又深其類然後溫溫然。」〔註38〕聖人爲理想生命，士與君子爲兩種理想生命的前階段。荀學以思考敏捷明智、力行不止者爲聖人。聖人是能依法類推，懂得如何掌握事物；其生命的表現是輕鬆自如，得心應手的。在此，《荀子》對於「聖人」的釋析，是以「智」德來說的。〈勸學篇〉云：「君子博學而日參省乎己，則知（智）明而行無過矣。」〔註39〕荀學明指「學」的目的在求「智」，具「智」德者可以行無過。

　　君子透過博學，常以其所學察驗自己的言行，則心智日明，其言行也就不會有過失。具有「智」德者，同時兼具有其他德行。〈大略篇〉云：「君子處仁以義，然後仁也；行義以禮，然後義也；制禮反本成末，然後禮也。三者皆通，然後道也。」分析的來說，要成就眞正的「仁」，必須以「義」爲根據，而要成就眞正的「義」，必須以「禮」爲依歸，就眞正的「仁」與「義」

適逅見，情也；扣之，其聲清揚而遠聞，其止輟然，辭也。」
〔註36〕《荀子·正論篇》。
〔註37〕《荀子·君道篇》。
〔註38〕《荀子·修身篇》。
〔註39〕對於〈勸學篇〉的這段文字，李滌生指出：「此句切須注意，此正表現荀子的重『智』精神與爲學目的。李滌生：《荀子集解》（臺北：臺灣學生學局，2000年），頁3。

的落實來說，都指向於「禮」。但從另一方面來看，眞正的「仁」與「義」的落實雖在於「禮」；但是，「禮」的制訂又必須返本於「仁」與「義」。所謂有道之人，能通明於此三者，使眞正的「仁」、眞正的「義」、眞正的「禮」得以落實。而通明者，即具「智」德之人。〔註40〕

（二）自然生命、道德生命與智德

智德在荀子的整體思想中，佔據相當重要的位置，一方面他除了作爲殊德使用，另一方面他被提昇至同「仁」德一併作爲全德、作爲首德，相互交替地指稱聖人的理想生命。智德的精神實貫穿於《荀子》「化性起僞」的命題。

「化性起僞」爲荀學倫理思想中的重要命題，所謂「性」是「天之就也」〔註41〕，爲「本始材樸」〔註42〕的，是「生之所以然者」〔註43〕，爲「不可學，不可事」〔註44〕，是「感而自然，不待事而後生者也。」〔註45〕「性」字是與意指「人爲」之「僞」相對的，其爲天生的、自然的。細部分析，荀學言「性」可分指爲五：官能之所出、官能、官能的能力、官能的傾向、官能與外物接觸所產生的欲望。底下分述之：

　　性者本始材朴也。〔註46〕

〔註40〕荀子明明重視內聖之人格，而韋氏事實上也花了許多的力氣分析荀子之篤行之人的品格；但是在受限自身將荀學解讀爲禮治主義的思維框架下，因而不視荀子篤行之人的品格即對於內聖的人格的重視。論者以爲韋氏所以會有這樣的解讀，一方面是由於將荀子的「仁」與「德」理解爲用禮義來規範，「仁」與「德」只是禮義的代稱；另一方面則是不認爲「智識心」可以「識仁」。關於「智識心」無法「識仁」，韋氏說到：「本書認定荀子乃『智識心』者，並認爲在根源上支持其系統的精神即理智的精神。」「這意思並不說，重智的哲學家們，對由仁識心之『仁心』，根本不能體會，不能瞭解，而是說他們雖在生活中不時隱約有對道德心的體會，但他們常不能有親切的體會，亦不能正視。」依韋氏的詮釋立場來看，說「仁心」（德性義）無法由主掌知性層之眞理的智識心所把握，是可以理解的；不過，這樣的解讀也就忽略了荀子的智識心可藉智德的養成來體仁、顯仁（非德性義）的事實。使得具智德者只是爲一禮義的存在。本注提及關於韋氏的觀點，請參見同註24書，頁40～43、76～77、86～87、91、145～146。

〔註41〕《荀子・性惡篇》。
〔註42〕《荀子・禮論篇》。
〔註43〕《荀子・正論篇》。
〔註44〕《荀子・性惡篇》。
〔註45〕《荀子・性惡篇》。
〔註46〕《荀子・禮論篇》。

目辨白黑美惡，耳辨音聲清濁，口辨酸鹹甘苦，鼻辨芬芳腥臊，骨
體膚理辨寒暑疾養，是又人之所常生而有也，是無待而然者也，是
禹桀之所同也。〔註47〕

生之所以然者謂之性。性之和所生，精合感應，不事而自然謂之性。
性之好、惡、喜、怒、哀、樂，謂之情。〔註48〕

性者，天之就也；情者，性之質也；欲者，情之應也。〔註49〕

荀子言駁孟子性善論時提到：「今人之性，生而離其朴，離其資，必失而喪
之。」〔註50〕此處，楊倞解「朴」爲「質」，「資」爲「材」。徐復觀就此分
析：「按材與才通，與《孟子》『非才之罪也』的才字同義，指生而即有的能
力而言。」〔註51〕就此可推知所謂「性者本始材朴」的「性」指的是人生而
有的官能的能力及官能：如能辨別黑白美惡、能辨別聲音清濁、能辨別酸鹹
甘苦等官能的能力及分別具有諸能力之眼、耳、鼻等官能。「性」除了意指官
能及官能的能力之外，「生之所以然者謂之性。性之和所生，精合感應，不事
而自然，謂之性。」一段所指的「性之和所生」的「性」和「生之所以然者
謂之性」的「性」意同，爲上述官能及官能的能力之性義之所以然的原因，
徐復觀指出這是「與孔子的『性與天道』及孟子『盡其心者知其性也』的性」
同一層次，所謂「所以生」、「所以然」，具有形上意義。〔註52〕

按徐復觀的理解，「生之所以然謂之性。……」整段話應以這樣的解釋來
把握：「由此先天的性，與生理相和合所產生的（『性之和所生』）官能之精
靈，與外物相合（『精合』），外物接觸（感）於官能所引起的官能的反應（『感
應』），如饑欲食，及目辨色等，都是不必經過人爲的構想，而自然如此（『不

〔註47〕《荀子·榮辱篇》。
〔註48〕《荀子·正名篇》。
〔註49〕《荀子·正名篇》。
〔註50〕《荀子·性惡篇》。
〔註51〕徐復觀：《中國人性論史》（上海：華東師範大學出版社，2005 年），頁 141。
〔註52〕徐復觀認爲荀學的思想是純經驗的性格，因此荀子論人性則著重於現實性的
現象，而不肯探究現象之所以然。荀子所以言「所以然」，是因百年以來對於
人性論的探索要從生理現象進一層去求一個「所以然」的結果。順此，是以
荀子在正面提及人性的問題時，便非得從「所以然」這一層提出不可。徐復
觀指出王先謙將「性之和所生」，解做是「生之和所生」，是不明白荀學的「性」
論，兼有形上及經驗兩層的意義。若是依王先謙的解讀來把握，會使「所以
然」三字，變成爲於義無著。關於徐復觀的論點，請參閱同註 51 書，頁 140
～142。

事而自然』），這是下一層次，在經驗中可以直接把握得到的性。」〔註53〕由此觀之，外物與官能、官能的能力相合、接觸產生成的反應即是「欲」。「欲」與「情」的關係，《荀子》云：

> 今人之性，饑而欲飽，寒而欲煖，勞而欲休，此人之情性也。〔註54〕
>
> 若夫目好色，耳好聲，口好味，心好利，骨體膚理好愉佚，是皆生於人之情性者也；感而自然，不待事而後生者也。〔註55〕
>
> 性者，天之就也；情者，性之質也；欲者，情之應也。〔註56〕

其實「情」與「欲」所指並不相同。徐復觀並未對於「情」與「欲」的關係再做進一步的分疏。徐復觀雖分辨：「『欲者情之應也』的『欲』，是指目好色等欲望而言，這些欲望都是應情而生，亦即隨情而生的。」〔註57〕但是他也說：「因此，荀子雖然在概念上把性、情、欲三者加以界定；但在事實上，性、情、欲，是一個東西的三個名稱。」〔註58〕但徐復觀的這種解釋，等於是把「情」、「欲」兩者等同，但是事實上「情」、「欲」兩者，無論是與官能的關係或是就發生的關係來說，都不一樣。荀學以「情性」言「饑而欲飽，寒而欲暖，勞而欲休」；而「目好色，耳好聲，口好味，心好利，骨體膚理好愉佚」是出於人之「情性」，可以明顯地看出這裡頭具有兩種不同的層次：一是「人之情性」；一是「生於人之情性」。當荀學以官能及其能力言性時，是就靜態的角度言性的本質；而將「情」、「性」連言成「情性」時，則是就「情」來說「性」，就「情」來說，官能及其能力先天具有的自然傾向，是側重就動態的角度言性。「欲飽」、「欲暖」、「欲休」為「情」，為官能及其能力所具有的一種自然傾向。「情」使官能及其能力與外物相合、接觸時產生「欲」的發生關係得以可能。單以官能或官能的能力與外物接後的反應，不足以解釋「精合感應」。「情者，性之質也。」「情」為官能與其能力先天具有的自然傾向。

　　例如，「骨體膚理好愉佚」與「饑而欲食，寒而欲暖，勞而欲休」不同，後者屬「情性」，為「情」；前者生之於後者，為「欲」。「欲食」、「欲暖」、「欲

〔註53〕 同註51書，頁142。
〔註54〕 《荀子・性惡篇》。
〔註55〕 《荀子・性惡篇》。
〔註56〕 《荀子・正名篇》。
〔註57〕 同註51書，頁143。
〔註58〕 同註51書，頁143。

休」的「欲」表現的是官能的自然傾向，指的是官能的需要和渴求。「欲」是在官能及其能力與外物的相合、接觸活動之後所產生。若只單靜態地以官能及其能力是無法推導出「欲」的產生，「欲」的產生之所以可能，其中還需以官能的自然傾向為之說明才能完整。官能的自然傾向乃先於官能及其能力與外物相合、接觸產生反應之前；所謂「精合感應」必須就此理解，方為可能。若無「口」之「欲食」、「欲飽」之情，單是以「口」及「口」有食之功能，則無法說明「好愉佚」之「欲」如何可能。「情」之自然傾向具有能動性，使行為發生，促使官能及其能力與外物活動產生「欲」。官能及其能力具有的「情」，通過「欲」的表現來顯示。

　　荀學指出：「人生而有欲，欲而不得，則不能無求，求而無度量分界，則不能不爭。爭則亂，亂則窮。」〔註59〕此段向來被視為荀學倡禮的理據所在，這正指出「欲」的無限度與無界限。荀學言性惡，是就人任順「欲」與「欲」之所從出的「情」而言的，非就根本處言「情」惡、「欲」惡。嚴格說來，「情」與「欲」本身並無善惡可言，因而「化性起偽」具實現性。在「化性起偽」的命題裡，「偽」不以官能及其能力或「欲」為對象，他真正的對象是「情」。官能及其能力是不可更改的，而若視「化性起偽」是對「欲」的導正，而使「欲」表現合乎於善；那麼這其實正是「情」經由「偽」將具實踐倫理品格之可能的自然傾向，轉變為真正倫理品格的傾向之後的一種顯示於具體行為中合乎善的「欲」的表現。荀學言「偽者，文理隆盛也。」〔註60〕自然生命的轉化必須藉由師法、禮義之「偽」，以使生命合於文理，符合於善。一方面在使自然生命尚未表現為惡的自然傾向趨於完善；一方面在使已呈現趨惡之勢的自然傾向改惡轉向為善之傾向。「凡人之性者，凡人與桀跖，其性一也；君子與小人，其性一也。」〔註61〕自然生命本有之自然傾向，同時具有為善與為惡的可能，不具一定的方向性。若是以理想生命具有的品格來看，自然傾向是一種可以具有真正理想品格的品格，他具有為善的可能或具某些為善的事實，為不穩定的品格。理想品格的陶成，即在轉化自然傾向為真正的品格。

　　荀學云：「人之性惡明矣，其善者偽也。」〔註62〕「可學而能、可事而成、

〔註59〕《荀子·禮論篇》。
〔註60〕《荀子·禮論篇》。
〔註61〕《荀子·性惡篇》。
〔註62〕《荀子·性惡篇》。

之在人者，謂之僞；是性僞之分也。」〔註63〕「僞」最終目的在成就理想品格，此般實現的根據與對象在自然傾向；其中，追求「智」的過程是爲成就此番實現的方法。荀學將「仁」作爲全德，具「仁」德者，即是一位將本有愛人的自然品格轉化成眞正具有「仁」德的人。荀子說：

> 故有血氣之屬莫知於人；故人之於其親也，至死無窮。〔註64〕

> 凡生乎天地之間者，有血氣之屬必有知，有知之屬莫不愛其類。〔註65〕

> 體恭敬而心忠信，術禮義而情愛人，橫行天下，雖困四夷，人莫不貴。〔註66〕

> 禮者，斷長續短，損有餘，益不足，達愛敬之文，而滋成行義之美者也。〔註67〕

> 故人一之於禮義，則兩得之矣；一之於情性，則兩喪之矣。〔註68〕

「仁、愛也，故親；義，理也，故行；禮，節也，故成。」〔註69〕人所以可親愛人、展現「仁」德，乃因「仁」發於「愛」，緣自於人本有之自然傾向。「有血氣之屬莫知於人」，凡人之屬對於自己父母的愛與思念，至死也無法窮盡；凡人之屬，無不愛同屬人者。對於至親及同類之愛，乃屬於「性」中本有之自然傾向。〔註70〕

〔註63〕 《荀子‧性惡篇》。
〔註64〕 《荀子‧禮論篇》。
〔註65〕 《荀子‧禮論篇》。
〔註66〕 《荀子‧修身篇》。
〔註67〕 《荀子‧禮論篇》。
〔註68〕 《荀子‧禮論篇》。
〔註69〕 《荀子‧大略篇》。
〔註70〕 李滌生對於「凡生天地之間者，有血氣之屬必有知，有知之屬莫不愛其類。」一段話表示：「此說與性惡論，似頗有出入。」事實上，荀學在此所明指的是人皆有愛其類的自然傾向。如是的自然傾向在其他的有血氣的動物身上，亦可見得：「乳彘不觸虎，乳狗不遠遊，不忘其親也。」〈榮辱篇〉對於此自然傾向的肯定並不與荀學言性惡有所出入。荀學雖然言性惡，但是事實上對於性惡命題的證成，卻皆不成理；關於這方面討論，已有不少的學者指出，如：徐復觀、王穎等。論者以爲荀學雖言性惡，但性惡非其核心。其著重焦點在如何「化性起僞」，明指「智」德的追求與完成，爲成就使自然傾向成爲眞正品格的方式。荀學指出：「水火有氣而無生，草木有生而無知，禽獸有知而無義，人有氣、有生、有知，亦且有義，故最爲天下貴也。」〈王制篇〉禽獸之知屬感官之知，人之知除了感官之知兼具理性之知，是以能「知統類」，能有義。所以能「化性起僞」，關鍵在由「知」轉「智」德的品格轉化。有關李滌

　　此番自然傾向，無方向性，爲不穩定的品格，透過後天知性指導的活動，方能成會爲眞正的倫理品格。「唯明主爲能愛其所愛，闇主則必危其所愛。」〔註71〕明主與闇主的差異，不在愛人之自然傾向有別，而是在能否將自然傾向轉爲眞正的品格。「故先王案爲之立文，尊尊親親之義至矣。」〔註72〕聖王之制禮，可使自然傾向得以有界限、有限度的抒發，使之能表現盡致，合乎於善。禮具有取長補短，減少有餘、彌補不足之功能，可使本有之自然傾向養成爲眞正的品格。荀子云：

> 今使塗之人者，以其可以知之質，可以能之具，本夫仁義法正之可
> 知之理，可能之具，然則其可以爲禹明矣。今使塗之人伏術爲學，
> 專心一志，思索孰察，加日縣久，積善而不息，則通於神明，參於
> 天地矣。〔註73〕
> 慮積焉、能習焉、而後成謂之僞。〔註74〕

人皆有「可以知仁義法正之質，皆有可以能仁義法正之具。」〔註75〕人人皆可爲舜、禹，藉由將「可以知仁義法正之質」轉爲「智」德的過程逐步使「可以能仁義法正之具」的自然傾向轉爲眞正的倫理品格〔註76〕。理想品格從透過思慮的積累和行爲的習慣養成來完成。荀學理想生命的實現進路，以「智」德的發展與成就爲方法。

生的評論，請參閱同註39書，頁446。有關荀學性惡的論證，請參閱同註51書，頁145～147。王穎：《荀子倫理思想研究》（哈爾濱：黑龍江人民出版社，2006年），頁53～56。

〔註71〕《荀子·君道篇》。
〔註72〕《荀子·禮論篇》。
〔註73〕《荀子·性惡篇》。
〔註74〕《荀子·正名篇》。
〔註75〕《荀子·性惡篇》。
〔註76〕胡適對於荀學評論：「因爲人性只有一些『可以知之資，可以能之具』正如一張白紙，本來沒有什麼，所以須要一點一滴的『積』起來，纔可以有學問，纔可以有道德。」荀學強調「積」，〈儒效篇〉云：「注錯習俗，所以化性也；并一而不二，所以成積也。」「涂之人百姓積善而全盡，謂之聖人。」「故聖人也者，人之所積也。」荀學強調「積」，道德生命經由累積或聚積逐漸陶成。「積」的可能得依托於性之本有的自然傾向：自然傾向的主動性及其具轉化成道德品格的可能。荀學的確不從孟子立道德本心之路，但若就此從胡適『可以知之資，可以能之具』正如一張白紙。那麼「積」將只是空頭的「積」，不但沒有其依托處，亦沒有對象可積累。有關胡適的評論，請參見胡適：《中國古代哲學史》（臺北：臺灣商務出版社，1968年），頁37。

二、智德的內涵與作用

　　「無性則僞之無所加；無僞則性不能自美。」〔註 77〕「化性起僞」旨在使性中的自然傾向轉爲眞正的道德品格；「化」與「僞」所以可能，是因爲性中的自然傾向。「化性起僞」的過程，即發展「智」德的過程；「化性起僞」的目的，即陶成「智」德的品格。對於理想生命，荀子云：「聖人縱其欲，兼其情，而制焉者理；夫何彊！何忍！何危！」〔註 78〕楊倞釋「兼」猶「盡」。王先謙云：「『縱』，當爲『從』。聖人無縱欲之事，從其欲，猶言從心所欲。」〔註 79〕聖人所以具有眞正的道德品格，其生命表現所以可謂盡其情、從其欲，是因具有「智」德，而諟合於理，使其性之本有的自然傾向及欲之發散，可成爲眞正品格的表現。

　　「人生而有知，知而有志。」〔註 80〕「凡以知，人之性也，可知物之理也。」〔註 81〕「心生而有知」〔註 82〕「知」爲人生而具有的能力，爲「心」的能力，「心」爲人本有的官能，「知」爲此官能本有的能力。「材性知能，君子小人一也。」〔註 83〕包括知能在內，人與人先天的材能相同。《荀子》云：

　　　　故孰察小人之知能，足以知其有餘可以爲君子之所爲也。〔註 84〕

　　　　是非知能材性然也，是注錯習俗之節異也。〔註 85〕

　　　　皆有可也，知（智）愚同；所可異也，知（智）愚分。〔註 86〕

仔細觀察小人的知能，可知小人的知能實足以爲君子。人之所以有君子小人之別，不在先天性之差異；在於後天措置習染而成就不同的品格所致。君子與小人先天知能是相同的，意指在認識活動上的能力是相同的。荀子對「智」與「愚」劃分，不在於君子與小人在所求之物上有別，而是對所求之道、所依之道的不同。

　　荀子云：「是是非非謂之知（智）非是是非謂之愚。」「在《荀子》一書

〔註 77〕《荀子·禮論篇》。
〔註 78〕《荀子·解蔽篇》。
〔註 79〕王先謙的注解，請參閱同註 23 書，頁 372。
〔註 80〕《荀子·解蔽篇》。
〔註 81〕《荀子·解蔽篇》。
〔註 82〕《荀子·解蔽篇》。
〔註 83〕《荀子·榮辱篇》。
〔註 84〕《荀子·榮辱篇》。
〔註 85〕《荀子·榮辱篇》。
〔註 86〕《荀子·富國篇》。

可以看到不少類似「智」與「愚」的對比使用。」〔註87〕「智」德是一種關於倫理判準的理智德行，爲一種合乎道的深思熟慮的穩定的品格表現。「是是非非謂之知（智）」，「智」德是關乎正確行爲或事理的明辨、抉擇與肯定的品格，而「非是是非謂之愚」則與此相對。如是品格，是一種關乎求善而求知的實踐智慧。荀子云：

> 多言則文而類，終日議其所以，言之千舉萬變，其統類一也，是聖人之知（智）也。少言則徑而省，論而法，若佚之以繩，是士君子之知（智）也。其言也諂，其行也悖，其舉事多悔，是小人之知（智）也。齊給便敏而無類，雜能旁魄而無用，析速粹孰而不急，不恤是非，不論曲直，以期勝人爲意，是役夫之知（智）也。〔註88〕

眞正的「智」德爲「聖人之智」，荀學依「智」德的發展階段所展現出的不同「智」的特徵，區成分四種類型：「聖人之智」、「士君子之智」、「小人之智」、「役夫之智」。聖人的「智」德特徵是：（一）聖人廣博的言論是既文雅又有條理，言談對象爲所以然之理；（二）聖人言論千舉萬變，但其條貫統類是終始如一的。對於「知」，荀學云「知之曰知之，不知曰不知，內不自以誣，外不自以欺」〔註89〕與孔子所言「知之爲知之，不知爲不知，是知（智）也」的意涵相同；由是觀之，「智」德是一種求眞的態度，是一種不欺騙自己、不欺騙他人的態度；此份求眞的態度所關注的場域是倫理實踐，其思慮的對象是倫理實踐中所應據、所合乎之禮義。

「今夫亡箴者，終日求之而不得；其得之，非目益明也，眸而見之也。心之於慮亦然。」〔註90〕丟了針的人後來找到針，不是因爲眼睛比之前明亮，而是因於他低頭細視。人生而具有認識能力，此般認識能力，在君子與小人身上皆同。荀學以尋找遺失的針爲例，說明思慮之效，不在其明辨之能有別；在明辨之能的發揮。心之對於事理行爲的思慮當求精細、求確定。「今人之性，固無禮義，故彊學而求有之也；性不知禮義，故思慮而求知之也。」〔註91〕禮義非人先天所具，需藉由後天的學習，而此般學習，也就是依天生所稟能知之能不斷思慮積累的過程。

〔註87〕同註3書，頁76。
〔註88〕《荀子·性惡篇》。
〔註89〕《荀子·儒效篇》。
〔註90〕《荀子·大略篇》。
〔註91〕《荀子·性惡篇》。

　　君子與小人有別。若以「智」的表現來作爲分判，則君子之「智」是「知（智）則明通而類，愚則端愨而法」、「以義變應，知當曲直故」〔註92〕；小人之「智」則是「知（智）則攫盜而漸，愚則毒賊而亂」〔註93〕。君子精明通曉倫理實踐之共理，故能根據禮義法度的規定舉一反三地類推行爲者對於實踐活動的認識，此般認識是落實倫理實踐的要件。君子「思慮明通」〔註94〕「知者明於事，達於數，不可以不誠事也」〔註95〕，具「智」德者，能明察事物，可通曉事物的道理和變化的秩序。具「智」德者，對於事物看得明白、對於道德看得通達，故不可以虛妄事奉他。荀子云：

　　　　凡用血氣、志意、智慮，由禮則治通，不由禮則勃亂提僈。〔註96〕

　　　　凡人之患，偏傷之也。見其可欲也，則不慮其可惡也；見其可利也，

　　　　則不顧其可害也者。〔註97〕

「凡觀物有疑，中心不定，則外物不清，吾慮不清，則未可定然否也。」〔註98〕觀察事物有疑惑，心中捉摸不定，那麼對於外界事物就認識不清，當思慮不清，就無法判斷是非。就如同在昏暗中行中，錯將橫臥的石頭，會以爲是伏著的猛虎，看見直立的林木，會以爲是站著人〔註99〕。「桀紂者，其知慮至險也。」〔註100〕一般人著重於眼前之欲、利，因對於行爲雖然亦有思慮，但終爲偏頗，陷自身於危殆中。在倫理實踐中，「智」德思慮作用的對象是禮義。「由禮則治通，不由禮則勃亂提僈」、「禮之中焉，能思索謂之能慮。」〔註101〕荀學以合乎禮義的思考來界定「慮」。具眞正「智」德品格的人，能思索且通禮義。

　　具「智」德者，對於倫理實踐，具有認識、分析、推理與權衡的作用。荀學指出「智」德的思慮作用，不得由小人來評論，顯示具「智」德者的深思熟慮，不易爲一般人所認識、理解。在對聖人「辯說」的論述中，荀子云：

〔註92〕《荀子・不苟篇》。
〔註93〕《荀子・不苟篇》。
〔註94〕《荀子・哀公篇》。
〔註95〕《荀子・大略篇》。
〔註96〕《荀子・修身篇》。
〔註97〕《荀子・不苟篇》。
〔註98〕《荀子・解蔽篇》。
〔註99〕《荀子・解蔽篇》。〈解蔽篇〉云：「冥冥而行者，見寢石以爲伏虎也，見植林以爲後人也。冥冥蔽其明也。」
〔註100〕《荀子・正論篇》。
〔註101〕《荀子・大略篇》。

「不先慮，不早謀，發之而當，成文而類，居錯遷徙，應變不窮，是聖人之辯者也。」〔註102〕對於德行的陶成，荀學不同孟子立本心來發現德行，而是對官能之能力行後天之功夫，使官能經過發展成為合乎倫理的穩定的品格。「智」德的對象是禮義，為倫理實踐所依持的共理。共理是不變的，普遍的，因此是「成文而類」。具「智」德者可展現一種「不先慮，不早謀」的思慮，「智」德為一種不慮之慮、不慮之德。倫理實踐的活動是個別的。所謂聖人「發之而當」、「居錯遷移，應變不窮」，即是一種經由將思慮之能發揮，逐漸積習而成的不慮之慮、不慮之德所通曉之共理，作用於倫理實踐的判斷上所展現出能隨機應變並兼具條理的辯說之用。如是之用，即是一種將通曉之共理，作用於個別倫理實踐活動的理智之用、理智德行。

　　「智」德不僅關乎於個人，國家能否正理平治，亦以「智」德為要件。荀學明指為人臣者，若「其智慮足以決疑」〔註103〕、「其知慮足以應待萬變然後可」〔註104〕任此職。在用人方面，君主需考量此人是否具有「智」德。若此人的智慮足以決別疑難問題、足以應付萬變；那麼，任用此人方為合適。對於理想的君主，荀子云：「志意致修，德行致厚，智慮致明，是天子之所以取天下也。」〔註105〕天子要能夠取得天下，亦需具備「智」德；倘若不具「智」德，則「其慮之不深，其擇之不謹，其定取舍楛僈，是其所以危也。」〔註106〕先王之大慮，「非順孰修為之君子，莫之能知也。」〔註107〕荀學儼然還將「智」德作用於外王事業上，為一種「智」德的特殊運用。

第二節　積慮成智的可能性及主智精神

　　無論是就「智」德被荀學視為全德的事實，亦或是與其他德行同被視為殊德的事實來看，荀學無疑都是主智的。倫理行為的實踐與否，得先決於生命的品格，理想生命的品格兼具趨向善的穩定意志與明是非的思慮活動。之所以稱荀學是主智的，除了他以「智」德指稱聖人外，還包括「智」德在荀學思想中有關對義的認識、禮的制訂及對情意之規範作用上，占有關鍵的角

〔註102〕《荀子・非相篇》。
〔註103〕《荀子・君道篇》。
〔註104〕《荀子・君道篇》。
〔註105〕《荀子・榮辱篇》。
〔註106〕《荀子・榮辱篇》。
〔註107〕《荀子・榮辱篇》。

色。不過，荀學雖然是主智的，可是從他對於意志的強調和討論中，可確知他在強調「智」德的同時，亦肯定意志的作用。是以，荀學的主智態度，當為緩和的主智，自然生命轉化為理想生命之所以可能，一方面由發揮心之知能，以追求「智」德的過程來完成；另一方面，則是由心之向善的意志趨向來輔助。意志的向善趨向，為本有的，是以生命潛在地具有由個別的、偶然的自然生命走向群體的、可能的理想生命的可能。人的意志決定著人是君子或是小人，而向善之意志使得生命之自我轉化得以可能。生命的善或惡，由心為之。與其他官能相較，「心」具有主宰義，是出令而無受令的。誠如前文所述，由心之知能陶鑄成的「智」德對於倫理實踐，具有認識、分析、推理與權衡的作用。「心有徵知」，可進行對客觀事物的認識，而意志趨向於善的作用，促使「心」的認識活動，還含括有倫理的認識、價值的認識。是以，藉由此段落的討論，來對「積慮成智」的可能性與荀學的主智精神進行分析。在此，本節擬分以三次進行分述：一、心的結構與功能及意志在化性起偽中扮演的角色；二、欲利且好義的人性雙重結構；三、主智精神的強調。

一、心的結構與功能及意志在化性起偽中扮演的角色

「凡性者，天之就也」〔註108〕，《荀子》所謂「性」指的是先天的本具，而非後天學習得來的，為自然而有的自然生命。對人而言，「性」指的是就經驗中人自然原本的實然存在，指的就是在受整頓前，人的自然存在、自然生命，其中包含著眼、耳、口、鼻、心等自然官能、官能具有的能力以及情緒和欲望等自然而有的功能或生命傾向、生命特徵。這些於人存在之始便有的官能、官能的作用及情緒和欲望，並非為荀學性惡論所指稱的惡，自然而有的自然生命本身是無善惡的，荀學性惡指的是自然生命倘若不予以後天的對治，而任順情欲自然流之；那麼從經驗來看，所造就的結果將會是惡的。「性者本始材朴也」〔註109〕，「無性則偽之無所加」〔註110〕，所謂「偽」是相對於自然而有的「性」來說的，指的是經聖人教化後成就的理想品格。這樣的工作以「心」的自然傾向為轉化對象，透過「偽」使任順情欲流之的心轉化為能安置自然情欲之求，卻又能夠不悖於理的心。

對自然生命本有自然傾向進行的陶成活動，主要對象是「心」。《荀子》

〔註108〕《荀子·性惡篇》。
〔註109〕《荀子·禮論篇》。
〔註110〕《荀子·禮論篇》。

曰：「夫人之情，目欲綦色，耳欲綦聲，口欲綦味，鼻欲綦臭，心欲綦佚。此五綦者，人情之所必不免也。」〔註111〕與人類諸官能相關的自然傾向是由相關的官能所發，即：欲看到最好顏色的情出自於眼睛，欲聽見最好聲音的情出自於耳朵、欲嚐到最好味道的情出自於嘴巴、欲聞到最好氣味的情出自於鼻子、欲得到最安逸的情出自於心。根本地談，這些自然傾向所以於現實中可見、成爲行爲活動追求的目的，乃基於「心」有欲得最安逸的自然傾向並因此兼「有好利」〔註112〕之欲所使之而成。

　　「心」同眼、耳、鼻、口、身諸官能爲人天生自然而有的官能，皆爲性，但是心除了同前五者爲官能並具有官能之能外，同時還是人欲所以具體表現的根源。「心」爲「天君」〔註113〕，「心者，形之君也而神明之主也」〔註114〕，荀學認爲心是形體的統帥，是精神的主體。這顯示就人整個生命而言，心雖然同眼、耳、鼻、口、身爲自然而有的官能，但是心與這五種官能的關係，並非平行的關係，而是從屬的關係。這層「心」與其他官能的從屬關係正可說明情欲表現源自於人心，爲心自然本具的傾向所致。人心與其他官能的關係是「出令而無所受令」〔註115〕，人心具有對其他官能發號施令，不受其他諸官能命令的主宰義。人欲的現實表現，乃因人心發令使之，非出自其他官能。若將任何一種人欲的現實表現，訴諸於其他官能的自然傾向。那麼，「心」與身體的關係就變成是身體主宰心，因而根本上地將「心」對身體具有的主宰義給取消掉，將「心」與身原有的從屬關係錯置。

　　「心」對於身體的主宰關係，揭示了「化性起僞」一項意義：德行陶成工作的對象，實在「心」原具有的自然傾向。無論是自然生命，亦或是道德生命，「心」與其他官能的關係始終一樣。易淪落於惡的自然生命，表現上看似「心」從屬其他官能的情欲，「惡」因此而產生，但是此般落於惡的自然生命表現所以出現是因「心」之欲佚之情、好利之欲所致。依此，可推知倫理教化與德行陶成的眞正對象是「心」之自然傾向，其目的在使「心」之自然傾向轉爲眞正的德行。此項活動之所以可能，必須依托於「心」本具有知慮是非與向善意志的能力與傾向。

〔註111〕《荀子·王霸篇》。
〔註112〕《荀子·性惡篇》。
〔註113〕《荀子·天論篇》。
〔註114〕《荀子·解蔽篇》。
〔註115〕《荀子·解蔽篇》。

　　對於子思、孟子視道德是內發的，荀學以爲「甚僻違而無類，幽隱而無說，閉約而無解。」〔註116〕孟子立本心，道德所以內發，是因於心具有道德性的一面；荀學言性惡，道德的成就得通過「智」德的發展。關於荀學如何成就道德，徐復觀認爲：（一）人具有能知的本能，能實現的材具，前者指的是心，後者指的是耳目等官能及官能的能力與作用；（二）「心」是由惡通向善的通路，耳目等官能的能力與作用，得靠心知的判斷；（三）「心」可決定向善，亦可以決定不向善，「心」雖具有主宰性，對行爲具有決定性，但不保證人可以走向善；（四）必須依靠外在的道規正認識的方向，心的認識能力方可信賴〔註117〕。徐復觀的理解是這樣的：自然生命所以能夠轉爲道德生命，關鍵在「心」具有知能，藉由對外在之道的認識，保證並決定能實現道德的天生材具可以走向善，實踐道德。事實上，徐復觀的解讀，忽略了意志在荀學思想中的角色，但這卻是荀學重視「智」德時亦加強調的：

　　　　志意修則驕富貴，道義重則輕王公；內省而外物輕矣。傳曰：「君子
　　　　役物，小人役於物。」此之謂矣。〔註118〕

「心」的自然傾向是欲佚。荀子以爲自然生命要通過修鍊「志意」的過程，才能節制人之情、人之欲，不爲外物所動，當處利害時能堅定當所選擇者。此處所謂「志意」，也就是「意志」〔註119〕。君子與小人生命的表現差異是「役

〔註116〕《荀子・非十二子篇》。

〔註117〕這四項命題的歸納，爲的是討論上的方便。在此，將歸納所據列出。徐復觀指出：「他（指荀子）認爲仁義法正，是可以被人知，被人實現的（『可能』，即就其實現性而言）。而人的本身，又有能知的本能，能實現的材具；所以他由此而認爲塗之人可以爲禹。」徐復觀又說：「然則他（指荀子）所說的人『皆可以知仁義法正之質，皆有可以能仁義法正之具』，又指的是什麼？前者指的是心，後者指的是耳目等官能的能力、作用。但『能』依然要靠心知的判斷，所以心，在他是由惡通向善的通路；所以他和孟子一樣，特別重視心。」「心何以能發生選擇的作用？在於心有認識的能力，即所謂『心生而有知』，由認識的能力而能『知道』。」徐復觀認爲：「荀子說到心的主宰性時，乃是表示心對於行爲的決定性，大過於其他的官能；但這種決定性的力量，並非等於即是保證一個人可以走向善的方向。在荀子的立場，認爲心可以決定向善，也可以決定不向善。這即是他所說的『有中理』，『有不中理』。所以心的主宰性，對於行爲的道德而言，並不是可以信賴的。」徐復觀結論：「要使心的認識能力，成爲可以信賴的，則必須先依靠外在的道，以規正認識的方向。」此處所引徐復觀的言論，請參閱同註51書，頁146～148。

〔註118〕《荀子・修身篇》。

〔註119〕楊承彬：《孔、孟、荀的道德思想》（臺北：臺灣商務印書館，1992年），頁81。

物」與「役於物」，君子有著堅定不移的意志，故常支配物；反之，小人意志不堅，爲物所支配。荀學以對代表理想生命的君子意志的強調來與小人之意志對舉。

荀學言：「卑溼重遲貪利，則抗之以高志。」〔註 120〕在論治氣養心時，荀學主張以高遠志向激勵自卑、自賤、遲鈍、貪利之人。「意志」爲行爲者趨向某物的能力，表現爲行爲者朝向某項目標時的趨向態度。「意志」對某物的趨向態度與此趨向態度的穩定度，關係著理想生命的陶成，此爲理想生命的一項構成要素。「是故無冥冥之志者，無昭昭之明；無惛惛之事者，無赫赫之功。」〔註 121〕荀學認爲沒有埋首專注的意志，也就沒有顯著的成績。荀學肯定行爲者對於某物的追求與經營的成敗，與行爲者對於某物的趨向是否穩定，有著密切關係。荀學云：

> 故相形不如論心；論心不如擇術。形不勝心；心不勝術。術正而心順之，則形相雖惡而心術善，無害爲君子也。形相雖善而心術惡，無害爲小人也。〔註 122〕
> 故事不揣長，不挈大，不權輕重，亦將志乎爾。〔註 123〕
> 從者將論志意比類文學邪？直將差長短，辨美惡，而相欺傲邪？〔註 124〕

「心也者，道之工宰也。」〔註 125〕「心」是道的工宰，誠如論者於前文所論述的，「心」大過於其他的官能，對於行爲具有決定性，因此荀子主張「形不

〔註 120〕《荀子・修身篇》。
〔註 121〕《荀子・勸學篇》。
〔註 122〕《荀子・非相篇》。
〔註 123〕《荀子・非相篇》。
〔註 124〕《荀子・非相篇》。
〔註 125〕《荀子・正名篇》按陳奐謂猶言「工宰」當爲「主宰」。近人多以「工」爲「主」字之誤。請參閱同註 39 書，頁 523。不過，學者張亨與潘小慧皆指出將「工宰」以爲成「主宰」是錯誤的，若以「主宰」釋「工宰」，那麼當說心所具有的主宰義時，將不只是就他與身體、其他官能及其自然傾向的關係而說，還得包括他對於「道」的主宰。但是，若「心」是「道」的主宰，那麼「心」也就不必「合道」了；事實上，在荀學的思想中來看，「道」並非「心」所主宰的。本研究雖言「心」具有主宰義，但並不是指他能主宰道。有關張亨與潘小慧的評論，請參閱張亨：〈荀子對人的認知及其問題〉，刊載於《文史哲學報》（臺北：臺灣大學，1960 年），第二十期，頁 215。潘小慧：〈荀子的「解蔽心」──荀學作爲道德實踐論的人之哲學理解〉，刊載於《哲學與文化》（臺北：哲學與文化月刊社雜誌社，1998 年），第二十五卷第六期，頁 535。

勝心」與「相形不如論心」。但是由經驗中觀之，扮演具有決定性角色的「心」，卻不保證必然向善，亦有向惡的事實。「道」爲道術，爲心知活動的標準〔註126〕，即意志活動的標準。將「術」與「心」、「形」比較之；那麼，理想生命的成就關鍵還在於「意志」趨向的對象是否爲善；是以，又言「心不勝術」與「論心不如擇術」。論視一人，不在論他形貌上的長短、大小與輕重；著重的是他對於志氣的修養。從荀學的角度觀之，所以爲君子或爲小人，不在於形相上的善惡，亦不在於心普遍扮演的「天官」角色，在於「心」是否穩定地以「道」爲其趨向對象、在於意志趨向上的展現。對於意志的重視，從荀學對相信相術者的提問中，可清楚地看出。由此，可以看出倫理實踐上，「心」除了是能知心，還是能治心；此能知能治之心，由知能的思慮與意志的向善所組成。此心可思慮、是是非非、趨向善、欲實踐道。

　　仔細分析「心知」的意義。「心」具有「知」的能力。對於「心」的知能，《荀子》指出「心有徵知」〔註127〕，楊倞釋「徵」爲「召也，言心能召萬物而知之。」〔註128〕梁啓雄釋「徵」爲「應也。」釋「徵知」爲「謂外物卒起，心應而知之，即感覺也。」〔註129〕「心有徵知」乃指「心主動地召萬物以爲認知對象的功能，進而產生認『知』的效果。」〔註130〕「心」具有知覺作用，藉由知覺作用可形成知識。「徵知，則緣耳而知聲可也，緣目而知形可也，然而徵知必將待天官之當簿其類然後可也。」〔註131〕「心」藉由耳目等官能提供「心」知覺作用的材料，無耳目等官能接收的物象，則無以提供知覺作用解釋的依據，「心」的知覺作用將無以成之。「心不使焉，則白黑在前而目不見，雷鼓在側而耳不聞。」〔註132〕知識從「心」藉由對感官接物產生的感覺的辨識而產生，未透過「心」認識的感覺，不具意識、不爲知識。「心」能喚起知覺作用，可辨別物象，知識由是而生。荀學論「心」具有認知、成就知識的作用，此作用不單成就別黑白、定清濁的物理之知，亦成就辨是非、明治亂的道德之知。

〔註126〕李滌生解「術」爲道術。請參閱同註39書，頁74。
〔註127〕《荀子・正名篇》。
〔註128〕同註23書，頁384。
〔註129〕同註29書，頁11。
〔註130〕同註3書，頁80。
〔註131〕《荀子・正名篇》。
〔註132〕《荀子・解蔽篇》。

　　具「智」德者，對於倫理實踐，具有認識、分析、推理與權衡的作用。「智」德的思慮對象即是具辨是非、明治亂的道德之知。「心知道然後可道。」〔註133〕將「心」本有能認知是非的功能與以發展成「智」德、以道為倫理實踐的思慮對象，是進行對治情欲的一項要務。不過要「心」能夠「可道然後守道以禁非道」〔註134〕，就不單只是能知是非的「智」德之心所能達成，還需有趨向善的穩定意志的輔助。

二、欲利且好義的人性雙重結構

　　徐復觀釋荀學以外在之道作為「心」之倫理認識的對象，這一點是無疑的，但是解荀學以此作為倫理實踐的保證，則不論是就意志於倫理行為發生中扮演的角色或在荀學思想中被強調的事實來看，似乎簡單了。「心」除了能進行倫理認識，還能「守道以禁非道」。荀學視「心」為能治心、能對自身行為發出要求；身處抉擇情境時，心所呈現趨向善的穩定意志態度，當為倫理實踐的一項要件。

　　理想生命所呈顯的意志表現，是穩定的、向善的。對於「意志」的修養，荀學十分的重視，趨向善且穩定的意志，為陶成理想生命的一項要務。荀子云：

> 君子行不貴苟難，說不貴苟察，名不貴苟傳，唯其當之為貴。〔註135〕
> ……故君子恥不修，不恥見汙；恥不信，不恥不見信；恥不能，不恥不見用。是以不誘於譽，不恐於誹；率道而行，端然正己，不為物傾側。〔註136〕
> 君子易知而難狎，易懼而難脅，畏患而不避義死，欲利而不為所非，交親而不比，言辯而不辭，蕩蕩乎！其有以殊於世也！〔註137〕

在此，「不苟」與「恥」正為君子意志所展現的穩定的向善態度，此態度凡事依持道而行，是以能夠不為物傾。君子所以可以「難狎」、「難脅」、「不避義死」，是穩定之向善意志所致。理想生命呈的意志，是以「義」為對象的穩定趨向。不過，另一方面「心」卻也是好佚的，如是趨向善的穩定態度必須

〔註133〕《荀子‧解蔽篇》。
〔註134〕《荀子‧解蔽篇》。
〔註135〕《荀子‧不苟篇》。
〔註136〕《荀子‧非十二子篇》。
〔註137〕《荀子‧不苟篇》。

透過後天的養成。

　　所謂「趨向善的穩定態度必須透過後天的養成」，並非意指「意志」的後天修養是由人之好佚欲利之自然情欲轉出的，好佚之情及好利之欲的自然傾向並非化性起偽可能之所在；事實上，荀學化性根據的是人性中具有的向善傾向。

　　上文已指出荀學無論是自然生命，亦或是道德生命，「心」與其他官能的關係始終一樣。由「心」與其他官能的關係之主宰義來理解自然生命，那麼，自然生命所以易落於惡，是由於「心」以吻合其本有之情的官能自然傾向或由官能自然傾向而發之的欲為前提，所展現的意志所致。以下茲舉《荀子》一例說明：

> 人之情，食欲有芻豢，衣欲有文繡，行欲有輿馬，又欲夫餘財蓄積之富也；然而窮年累世不知不足，是人之情也。今人之生也，方知畜雞狗豬彘，又蓄牛羊，然而食不敢有酒肉；餘刀布，有囷窌，然而衣不敢有絲帛；約者有筐篋之藏，然而行不敢有輿馬。是何也？非不欲也，幾不長慮顧後，而恐無以繼之故也。於是又節用御欲，收斂蓄藏以繼之也；是於己長慮顧後，幾不甚善矣哉！〔註138〕

「幾不甚善矣哉！」的「善」，是從「心」之利己角度經思慮所展現的意志選擇。人有利己的自然傾向，人有芻豢、文繡、輿馬且又想蓄積財富，然而終不知足，為人之常情，為人類好佚好利的情欲展現。面對本有的利己自然傾向，人卻不敢食肉、不敢乘馬車，這並不是因為人不希望那些享受，而是人基於長遠的利己考量，所表現出的一種意志的選擇。以利己角度經思慮所展現的意志選擇，為人心的一種意志表現。不過，「利己」並不是意志選擇的唯一對象：

> 人之所欲，生甚矣；人之惡，欲死甚矣；然而人有從生成死者，非不欲生而欲死也，不可以生而可以死也。〔註139〕
> 故欲過之而動不及，心止之也。心之所可中理，則欲雖多，奚傷於治？欲不及而動過之，心使之也。心之所可失理，則欲雖寡，奚止於亂？故治亂在於心之所可，亡於情之所欲。〔註140〕

〔註138〕《荀子・榮辱篇》。
〔註139〕《荀子・正名篇》。
〔註140〕《荀子・正名篇》。

「人之所欲，生甚矣；人之惡，欲死甚矣」，由表現利己傾向的意志選擇來看，「欲生惡死」當然也就成為意志的對象。不過，「心」的意志選擇卻也能「從死不從生」、「不欲生而欲死」，這顯示「心」的意志選擇，不僅僅是以利己為對象，亦可表現為「中理」的意志抉擇。「心」與其他官能的關係是，「自禁也，自使也，自奪也，自取也，自行也，自止也。」〔註141〕荀學保證行為完全出自於自主的選擇，「意志」是自由的。心所以能主宰，是因於心有自由。心有自由，是以能夠不拘於一，能行非利己思維的選擇，即便是當逢生死之際。在現實處事中，人的意志固然可能因利己的考量進行抉擇，甚至不惜委屈求全，但是理想生命的意志並不是基於利己思維而使行為服從外在秩序、適應外在秩序。「傀然獨立天地之間而不畏；是上勇也。」〔註142〕這種「上勇」、「不畏」的意志，有別於利己思維的意志。

「水火有氣而無生，草木有生而無知，禽獸有知而無義；人有氣有生有知亦具有義，故最為天下貴也。」〔註143〕「利己」的意志選擇是側重於自身的利己傾向所表現的，但是人除了是一個個別的人之外，還是個「能群」的人。人與禽獸同樣有生、有知，但是人有義，卻是禽獸所不能。因為有「義」，所以人為「天下貴」。荀子云：「人能群，彼不能群也。人何以能群？曰：分。分何以能行？曰：義。」〔註144〕「人能群」的「群」，不單只是從個人與個人組合而成的群體現象而說。荀學所言的「群」是以「分」、「義」為條件，之所以稱「人能群」是因於人能與他人結合成一個合義、有分的社會關係，不只是某些禽獸依自然而成的群體現象。「分」包括有分工、分職和各階層等級等，以「義」為標準。荀學云：「義，理也。」從荀學論「群」來看，人為「天下貴」，是因人有「義」，因而可「分」以促成一個合義、有分的社會關係。在此，相較對於「能群」的肯定，有先在的問題必須說明：人雖然「能群」，雖能成為合義、有分的社會關係，但是人何以「需群」？這「需群」的事實，又具有什麼樣的意義？這可以從兩方面進行回答：（一）因於生存競爭的需要而需群；（二）個人生命的完成，必須在能群中實現，故需群。

對於第一項，先不做討論；在此，僅先就第二項來說明，也就足夠。人除了具有以利己傾向進行意志選擇的事實，人另外還具有一種意志選擇的事

〔註141〕《荀子・解蔽篇》。
〔註142〕《荀子・性惡篇》。
〔註143〕《荀子・王制篇》。
〔註144〕《荀子・王制篇》。

實。「義」是「理」，爲貫穿於人倫關係中的道德原則，「義」作用於生活中的具體落實爲「禮」。「君者，善群也。群道當則萬物皆得其宜，六畜皆得其長，群生皆得其命。」〔註145〕「群道」即治道，亦即禮義。荀學明指國君若能運用禮義恰當，則眾生皆得以安其性命；換言之，每一個個體生命欲得適切的安立，則必須在人群中，透過禮義來完成。荀學問「無禮何以正身？」〔註146〕又說：「故人無禮則不生」〔註147〕「禮」不但具有正理平治之功效，透過「禮」的實踐，可使得人的行爲得到合義的外面規範，並使得群體中人與人的互動得到合義的形式規定。生命不由禮義，無之安立。無以安立的生命不能完全，只堪成是偶然的生命。

　　承如上文所言，「意志」是行爲者趨向某物的能力，表現爲行爲者朝向某項目標時的趨向態度。「意志」的趨向由具主宰義之「心」所發，這使得「心」與對象產生了連繫。「仁、愛也。」「凡生乎天地之間者，有血氣之屬必有知，有知之屬莫不愛其類。」〔註148〕愛人的自然傾向，不是由生理的傾向所致，而是一種心理的傾向。發乎於人本有愛人之自然傾向的意志抉擇，使得人自然地走向群體，與他人產生了連繫、有了互動。是以，必須在群體中方能安立的自然生命，其自然傾向本來就是欲群的、需群的。不過，此般走向群體的意志趨向是不定的、不穩的，一方面可能受到利己之自我傾向的影響；另一方面，在缺乏形式的規範下，將使得此般傾向不一定可以實現，最終可能反變得危險，不符初衷。

　　利己思維的意志趨向及走向群體的意志趨向皆爲「心」的表現，而走向群體的個體爲了使自身的生命由偶然的狀態成爲能群的一份子、成爲得有適切安立的生命，具主宰義的「心」會有尚「義」的意志趨向。「心」透過志義，使「義」能夠給於欲群、需群的個人形式的規範，使個人與他人的連繫及互動中，得以「能群」、「中理」。要言之，利己思維與向群志義的意志趨向，同時爲人心所具有：

　　　　義與利者，人之所兩有也。雖堯舜不能去民之欲利，然而能使其欲
　　　　利不克其好義也。雖桀紂不能去民之好義，然而能使其好義不勝其
　　　　欲利也。故義勝利者爲治世，利克義者爲亂世。上重義則義克利，

〔註145〕《荀子·王制篇》。
〔註146〕《荀子·修身篇》。
〔註147〕《荀子·修身篇》。
〔註148〕《荀子·禮論篇》。

上重利則利克義。〔註149〕

此段文字揭示人心同時具有志利與志義的意志趨向。堯舜與桀紂的差異，不是因為堯舜能將人尚利之志去除，而桀紂不能；亦非是桀紂能將人尚義之志去除，而堯舜不能，而是在於是否能使人本有之志義的意志趨向克勝志利的意志趨向。能者，為堯舜；不能者，為桀紂。「主之所極然帥群臣而首鄉之者，則舉義志也。」〔註150〕「義志」即「心」志義的意志趨向，荀學明言「義志」為仁主所極力帥領群臣嚮往、追求的，用意在持守此志以克勝志利之意志趨向。志利與志義的意志趨向，皆不可去，但若將對志義之意志趨向的肯定從教化上看，卻具一項積極意義。《荀子》說「暴國安自化」〔註151〕，教化一方面固然以外在禮的規範作為開始，但是教化活動的精神是「自化」、是自我轉化。是以，教化扮演的角色，當是引導性的、非強迫性的。引導性的教化之所以可能，正是因於人本具志義的意志趨向。

三、主智精神的強調

從殊德的角度論之，荀學於對理想生命的品格，提出全而粹的要求：「君子知夫不全不粹不足以為美也。」〔註152〕全而粹的品格的發展，即人之自然生命生而具有之知、情、意等自然能力與自然傾向朝向真正品格的歷程。「志意脩，德行厚，知慮明，是榮之由中出者也，夫是之謂義榮。」〔註153〕「爵列尊，貢祿厚，形執勝，上為天子諸侯，下為卿相士大夫，是榮之從外至者也，夫是之謂執榮。」〔註154〕來自於生命內在之完美品格的榮耀，為義榮。義榮不同於從外部得來的榮耀，來自於外部的為執榮。《荀子》一書中多次提及「志意脩」、「德行厚」、「知慮明」，三者分別為生命內在之完美品格的構成部份，三者是分別由意、情、知等自然傾向所轉化成的義、仁、智三德。三德若以殊德觀之，則此三德中，以智德最為重要。

在此，先從「仁」德說起。相較於「仁」是一種真正的德行，則「愛」為自然傾向，可說是一種自然德行，為「仁」德所以可能、所以得立之質具。

〔註149〕《荀子・大略篇》。
〔註150〕《荀子・王霸篇》。
〔註151〕《荀子・仲尼篇》。
〔註152〕《荀子・勸學篇》。
〔註153〕《荀子・正論篇》。
〔註154〕《荀子・正論篇》。

人與人之間的行為所以可能，是由此本然之愛所展開的。不過，自然德行不是真正的德行，為不穩的、不定的。「仁」德為一種在人與人互動的行為實踐中所展現出來的品格，為真正的品格，為穩定的，他來自於此自然德行敦厚後的成果。「義」德為一種意志堅持行為實踐所須依之道德原則的品格，承上文所言，人本有兩種意志傾向，一是為己好利之意志趨向，一是為群好義之意志趨向。人人皆有好利好義之心，二者皆由具主宰義之「心」所顯。若要能克勝利己之意志趨向，轉使為群好義之意志趨向為「義」德，得透過後天的修習工夫；單單憑藉本有好義的自然傾向，並無法保證具有「義」德。「智」德為一種關乎倫理實踐的理智德行。心之知能有召萬物而知之、思慮之自然傾向，此「知」同「情」、「意」，非真正的品格，為不穩定的，待其思慮之能真正明辨正確行為或事理時，方為「智」德。

　　道德並非先天的，真正德行的獲得，必須藉由後天的工夫，才能完成。「仁」、「義」、「智」三德，從殊德的角度觀之，各有強調、各有偏重。此三德與人本有之情、意、知三者關係密切；前者為真正的德行，後者為自然傾向，為前者所以可能之質具。將此自然傾向陶鑄為真正的德行，必須通過習「禮」的過程，待合禮時，才被視為具有真正的德行。荀學云：「凡用血氣、志意、知慮，由禮則治通，不由禮則勃亂提僈。」〔註155〕關於「血氣」，荀學言：「凡生乎天地之間者，有血氣之屬必有知，有知之屬莫不愛其類。」〔註156〕「故有血氣之屬莫知於人；故人之於其親也，至死無窮。」〔註157〕凡血氣之屬必顯愛之情，在人身上，則更是清楚。是以，說血氣「由禮則治通」，亦就蘊含有由愛轉為真正的德行須通過「禮」規定的意思。此段文字類似「志意修」、「德行厚」、「知慮明」的言論。荀學明言血氣、志意、知慮三者須透過「禮」才能明正通達；反之，則荒謬錯亂。近人嘗評斷「禮」為荀子思想之道德的最後根據，凡「仁」、「義」、「智」皆被收攝於「禮」中，一言蔽之，整個道德就是禮。不過，荀子雖然一方面隆禮，但另一方面他也說：「君子處仁以義，然後仁也；行義以禮，然後義也；制禮反本成末，然後禮也。三者皆通，然後道也。」〔註158〕清楚指出禮的制訂需返本於「仁」與「義」。論者認為若要視「禮」是「仁」、「義」、「智」三德的標準，只能是就自然傾向在

〔註155〕《荀子・修身篇》。
〔註156〕《荀子・禮論篇》。
〔註157〕《荀子・禮論篇》。
〔註158〕《荀子・大略篇》。

過渡爲眞正德行前而說。當人之本有情、意、知轉爲眞正德行時,「仁」、「義」、「禮」、「智」皆成爲「道」的不同的別名,彼此相互含攝彼此,而荀學所以用不同的別名指稱道,爲的是所強調側重的部份。

　　荀學重「智」德,「智」德的陶成爲使生命之自然傾向得以合禮,成爲眞正德行的門徑。對荀子來說,相對於「仁」、「義」,「智」德占有更爲重要的地位。分析荀子論性的內容;其實,荀學並不全然否定孟子論性。章太炎分析荀學論性的內涵:「孟子謂惻隱、羞惡、辭讓、是非四端,性所具有。荀子則謂『人生而有好利焉,順是則爭奪生而辭讓亡矣。』是荀子以辭讓之心非性所本有,故人性雖具惻隱、羞惡、是非三端,不失其爲惡。然即此可知荀子但云性不具辭讓之心,而不能謂性不具惻隱、羞惡、是非之心。」〔註159〕孟子立本心,論性有四端。荀學則是以辭讓之心,非本性具有,但對於其他三者,卻是清楚肯定的。人性不具辭讓之心,故行爲易淪爲惡。「仁」、「義」、「智」所以立之質具之情、意、知等自然傾向,皆必須合乎「禮」,待自然傾向合乎「禮」時,方爲眞正的德行。荀學說:「所謂大聖者,知通乎大道,應變而不窮,辨乎萬物之情性者也。」〔註160〕聖人「知通乎大道」,能「應變」、「辨物」,所顯示的是「智」德。「禮」的一種表現即是由人性本有之知能所陶成之「智」德之理性的規範,荀學言「情安禮」,情必須合乎「禮」,亦合乎理性的要求,即「智」德的要求。同樣地,意志的趨向當以「道」爲對象,荀學言:「道者,古今之正權也;離道而內自擇,則不知禍福之所托。」〔註161〕「智」德通於大道,他「對於道的認識正體現了人性本有知能之理性功能,以道爲自擇之正權,意味著以理性指導意志。」〔註162〕在荀學主智精神下,情與意當以「智」德爲指導,人性本有之情與意是否成爲眞正德行,當由是否從理性的規範而定。

　　對於荀學來說,「禮」的構築,源自於「智」德所體現的理性能力,「心」具有認識的能力,「道」可由此認識能力來把握。《荀子》說:

　　　虛壹而靜,謂之大清明。萬物莫形而不見,莫見而不論,莫論而失
　　　位。坐於室而見四海,處於今而論久遠,疏觀萬物而知其情,參稽治

〔註159〕章太炎:《國學略說》(臺北:文史哲出版社,1987年),頁158。
〔註160〕《荀子‧哀公篇》。
〔註161〕《荀子‧正名篇》。
〔註162〕楊國榮:《善的歷程——儒家價值體系研究》(上海:上海人民出版社,2006年),頁93。

亂而通其度，經緯天地而材官萬物制割大理，而宇宙裡矣。〔註163〕
具「大清明」之心者，可通明萬物，其見聞不受時空限制，其論說無不適切。
大清明者思慮敏銳，可通曉萬物而知其情理、參考治亂而知其制度、經理天
地而裁成萬物、工宰大道而條理宇宙。所謂「大清明」之心，是以「虛壹而
靜」爲工夫且明道以後的心靈境界，即「智」德的表現。《荀子》說：

> 心何以知？曰：虛壹而靜；心未嘗不臧也，然而有所謂虛；心未嘗
> 不兩也，然而有所謂壹；心未嘗不動也，然而有所謂靜。〔註164〕
> 人生而有知，知而有志，志也者，臧也；然而有所謂虛；不以所已
> 臧害所將受謂之虛。心生而有知，知而有異，異也者，同時兼知之；
> 同時兼知之，兩也；然而有所謂一；不以夫一害此一謂之壹。心臥
> 則夢，偷則自行，使之則謀；故心未嘗不動也，然而有所謂靜；不
> 以夢劇亂知謂之靜。未得道而求道者，謂之虛壹而靜。〔註165〕
> 作之：則將須道者之虛則人，將事道者之壹則盡，盡將思道者靜則
> 察。知道察，知道行，體道者也。〔註166〕

這幾段文字，說明了「心」具有的特性，也說明了由心知所開顯的認識活動
所具有的特性。「虛」與「臧」、「壹」與「兩」、「靜」與「動」乃三組心知之
相反的特性。道雖是外在的，但是心具認識道的作用。就心的認識作用而言，
心可「虛」、可「壹」、可「靜」；是以，心雖然另一方面有臧且可同時認識不
同事物，使認識或思慮易有偏見、分散或擾亂，但是卻無礙心知道。若以虛
壹而靜之心求道，則「虛」可使人接受道、「壹」可使人專一而全面認識道、
「靜」可使人通明道之理。荀學藉由「虛壹而靜」的工夫而成就「知道」；所
謂「知道」，即「其明察足以知道，其力行足以體之謂也。」〔註167〕就荀學以
爲大清明之心能夠明察道、力行道的論點觀之，將荀學視爲主智，是適切的：
在此，荀學將行道的意志選擇收攝於「智」德中。不過，荀學的主智，是緩

〔註163〕《荀子・解蔽篇》。
〔註164〕《荀子・解蔽篇》。
〔註165〕《荀子・解蔽篇》。
〔註166〕《荀子・解蔽篇》。
〔註167〕梁啓超釋「知道察，知道行，體道者也。」爲「知道者何？其明察足以知道，
　　　　其力行足以體道之謂也。」李滌生指出若按梁啓超之解釋則荀學此段文字當
　　　　句讀成如下：「知道：察、知道，行、體道者也。」由是觀之，荀學立知性以
　　　　成「智」德的內涵，不僅有知道，當包含有行道。有關梁啓超的解釋，請參
　　　　同註39書，頁487。

和的主智，他在強調「智」德的同時，亦重意志的作用。〔註168〕

第三節　本於立人道之智德的「不求知天」與「知天」觀

　　對於先秦諸學說來說，天人關係是相當重要的，天人關係的態度彰明著人在整體中的價值定位。相較於孔孟，荀學的「天」常爲時人解讀成「純粹物理現象之自然」，天人之間的關係在荀學那裡遂被切割成爲兩段。此等將天人切割爲二的解讀，形成出兩種不同的荀學天人觀理解：（一）極端的解釋，是將荀學解讀爲「戡天主義」、「人定勝天」的思想〔註169〕；（二）緩和的解釋，則是視荀學將天作爲儒學價值之源的看法消除，成爲禮義全由人而出以建立人道的「制天命而用之」的思維型態〔註170〕。此兩種解讀型態，有其一致性，他們皆是以釋荀學將「天」視爲純粹自然義的立場作爲出發，用之以解讀《荀子》裡頭「不求知天」與「知天」的言論。

〔註168〕蔡仁厚針對荀學之於道德實踐的能動性問題指出：「……荀子所說的心並不能『生起』行爲活動，但卻能使行爲活動依其『所可』而表現。」「至於自主地依其選擇判斷而生起行爲活動以成就善的價值，則顯然非認知心之所能爲力。」「心亦不能自主地生起道德行爲，更欠缺自發內發的力量來從事道德的實踐，以完成道德的價值。」蔡仁厚將荀學的心視爲只具認知作用，卻不識荀學亦論及心具有向善的意志趨向。《荀子·賦篇》云：「皇天隆物，以示施下民，或厚或薄，常不齊均。桀紂以亂，湯武以賢。……。大參乎天，精微而無形；行義以正，事業以成，可以禁暴足窮，百姓待之而後泰寧。臣愚不識，願問其名？曰：……血氣之精也，志意之榮也，百姓待之而後寧也，天下待之而後平也，明達純粹而無疵也，夫是之謂君子之知——知（智）。」「血氣之精也，志意之榮也，……夫是之謂君之知——知（智）」，荀學雖是主智，但是他並未忽略意志趨向在倫理實踐上的角色，從〈賦篇〉這段文字便可以看出荀學是將意志的作用收攝於「智」德的事實。從此處來看，蔡仁厚指以知性爲出發的荀學缺乏實踐倫理行爲之能動性的看法，其實是有問題的。有關蔡仁厚的評論，請參說蔡仁厚：《孔孟荀哲學》（臺北：學生書局，1994年），頁400、413、417。

〔註169〕例如胡適便以爲荀學爲「戡天主義」。請參閱同註76書，頁30。

〔註170〕例如，周群振便是這樣解讀：「禮義之統，若從其作爲根源的實踐之理上著眼，本亦可以追溯到一所自生之超越的天命或天道——，由天命或天道貫而注澍爲人文世界之合理的活動，便是禮。然此乃正宗儒家孔孟所開示的義路。荀子天論的思想，則不如是。荀子視天，不僅不得爲禮之所自出，相反地，卻常以之爲禮所必予對治的客觀外在之物事。於是，我們即可得知荀子所謂「天」，實只爲自然宇宙之物質或物理現象而已，根本不可以與正宗儒家之自精神生命處證顯的天命或天道相提並論。」請參閱周群振：《荀子思想研究》（臺北：文津出版社，1987年），頁139。

荀學倡「智」德，而聖人具有「智」德。在「不求知天」或「知天」的段落中皆有「聖人」一詞，這表示著聖人「不求知天」或「知天」的態度與內涵，正是智德的表現。不過，若將荀學同時言及的「不求知天」與「知天」，從字面意思上去看，則兩者是矛盾的。近人對此貌似矛盾處，採力求一致的解讀：「有的是以『知天』爲準而疑其『不求知天』，有的是以『不求知天』爲準而疑其『知天』。當然也有兩皆肯定而謂各有所指的。」〔註171〕然而，大多的詮釋，似乎都不脫極端的或緩和的天人二分的觀點。論者以爲，聖人「不求知天」或「知天」展現的不僅是具智德者對於純自然義之天的一種取捨態度，也不僅僅只將天視爲純粹自然來進行認識。荀學的天人之間，所存在著不僅僅是自然的關係，亦具備著道德的關係。聖人的「智」德精神或表現可參天地，荀學並非眞正是「天人二分」的。在此，論者擬分以兩次進行論述：一、側重應用科學而不重自然之所以然的不求知天觀及其意義；二、落實視天之則於人事的知天觀及其意義。

一、側重應用科學而不重自然之所以然的不求知天觀及其意義

《荀子》云：「列星隨旋，日月遞炤，四時代御，陰陽大化，風雨博施，萬物各得其和以生，各得其養以成，不見其事而見其功，夫是之謂神。皆知其所以成，莫知其無形，夫是之謂天（功）〔註172〕。唯聖人爲不求知天。」〔註173〕常爲時人視之爲荀學對於「天」的定義〔註174〕；但是由這段文字的內容來看，它並非在定義「天」，無從由此推言「天」僅僅是自然義。此段文字著重對天生成萬物之無從理解、無跡可尋的「天功」作用而說的。聖人「不求知天」，即在不求「天」之「神」、「無形」的「天功」作用如何可能。當然，「天」所指是包括有客觀之現實之自然義的。

〔註171〕同註170書，頁147。

〔註172〕「天」下今本無「功」字，茲據楊注或説補。楊引或曰：當爲「夫是之謂天功」。脱「功」字耳。請參閲同註23書，頁286。

〔註173〕《荀子‧天論篇》。

〔註174〕例如，廖名春即認爲這段話是在定義「天」。廖名春在引用《荀子》此段落文字處，不採用楊倞在「天」字後補一「功」字的解讀，因此他説：「荀子把恒星運轉、日月照耀、四時變化、陰陽風雨、萬物生成，統稱爲『天』。」請參閲廖名春：《荀子新探》（臺北：文津出版社，1994年），頁176。若視此爲荀學對於「天」的定義，那麼「天」就純粹只是個自然，荀學所謂的「不求知天」與「知天」言論，就成爲只是個人對於自然之天之認識的取捨態度。

（一）在實用之智德思慮下對自然律則進行認識所表現的取捨態度

荀子云：「水火有氣而無生，草木有生而無知，禽獸有知而無義；人有氣有生有知且有義，故最爲天下貴也。」〔註175〕「天」是客觀存在的自然界，自然界的存在可依「氣」、「生」、「知」、「道德觀念」的有與無分爲五個層次：人爲「最爲天下貴」，爲最高的層次；其次是動物；第三層是草木，即植物；第四層是水火等，即無機物；最基本的層次爲無生、無知、無道德觀念的氣，爲一切存在的本原〔註176〕。從「天」所包含的列星、日月、四時、陰陽、風雨、萬物等現實存在及其活動的構成本原來看，皆是由「氣」所構成與推動的；是以，可就自然的角度來言「天」。

若由自然的角度來言「天」，那麼人當「明於天人之分」。荀學云：「天行有常；不爲堯存，不爲桀亡。應之以治則吉，應之以亂則凶。……不可以怨天，其道然也。故明於天人之分，可謂至人矣。」〔註177〕自然與人事之間乃是兩事，「至人」能明別自然與人事二者的區分。「天」只是循一定的自然律則生長萬物，荀子云：

> 天能生物，不能辨物也；地能載人，不能治人也；宇中萬物，生人
> 之屬，待聖人然後分也。〔註178〕

> 不爲而成，不求而得，夫是之謂天職。〔註179〕

天能生物，但對其所生之物無法辨識；地能載人，但對於所載之人無法治正。列星、日月、四時、陰陽、風雨皆是「不爲而成，不求而得」，「不見其事，而見其功」之自然力量所成就，即便是使萬物各得以生之「和」，各得以成之「養」，也是自然而然，非有意志的作用使然。辨識萬物與治正萬民，乃聖人份內事，非天地之事。「星隊木鳴」〔註180〕、「日月有蝕」〔註181〕、「風雨不

〔註175〕《荀子・王制篇》。

〔註176〕按廖名春的說法，荀學所以視「氣」爲世界事物的本原，原因在於：（一）受以前思想家的成說的影響，如莊子學派有「通天下一氣」的說法，而《荀子》曾對雲氣進行過觀察；（二）按《史記》記載，荀學曾游學稷下，曾經「最爲老師」、「三爲祭酒」，因此他對於管子學派的東西應當很熟。而《管子》書中有精氣說：「精也者，氣之精者也。」《管子・內業篇》「凡物之精，比則爲生。下生五穀，上爲列星。流於天地之間，謂之鬼神；藏於胸中，謂之聖人。」《管子・內業篇》請參同註174書，頁176。

〔註177〕《荀子・天論篇》。

〔註178〕《荀子・禮論篇》。

〔註179〕《荀子・天論篇》。

〔註180〕《荀子・天論篇》。

時」〔註182〕、「怪星黨見」〔註183〕雖然罕見，但是同列星、日月、四時、陰陽、風雨等自然現象一樣，爲「天地之變，陰陽之化」〔註184〕所致，同樣是由一定的自然軌則所呈顯的。是以，可怪但不可畏。〔註185〕

在《荀子》中，載錄了許多自然的現象，如：「蓬生麻中，不扶而直」〔註186〕、「青，取之於藍，而青於藍；冰，水爲之，而寒於水」〔註187〕、「蟹八跪而二螯，非蛇蟺之穴無可寄託者」〔註188〕、「施薪若一，火就燥也；平地若一，水就溼也。草木疇生，禽獸群焉，物各從其類也」〔註189〕、「螾無爪牙之利，筋骨之強，上食埃土，下飲黃泉。」〔註190〕這些自然現象皆屬「天」的部份，荀學對於萬物觀察記載甚爲精細，足以明證從自然所呈現的現象之理來說，他其實也是「知天」，不過他的「知天」也僅止於此。對於自然律則與人具有揭示自然律則之認識能力的肯認，爲發展理論科學的兩項前提。基本上來說，《荀子》雖然有所謂「天行有常」，即承認自然界中具有自然律則，而且他也肯定人類具有揭示自然律則的認識能力，「凡以知，人之性也；可以知，物之理也。以可知人之性，求可以知物之理」〔註191〕，「以贊稽之，萬物可兼知也。」〔註192〕但是，荀學並未由此肯認來開出理論科學。荀學云：

> 故大巧在所不爲，大智在所不慮。所志於天者，已其見象之可以期者矣。所志於地者，已其見宜之可以息者矣。所志於四時者，已其見數之可以事者矣。所志於陰陽者，已其見和之可以治者矣。官人守天，而自爲守道也。〔註193〕

荀學對於自然律則的認識，只限於自然呈現於現象的物理。天、地、四時、

〔註181〕《荀子‧天論篇》。
〔註182〕《荀子‧天論篇》。
〔註183〕《荀子‧天論篇》。
〔註184〕《荀子‧天論篇》。
〔註185〕《荀子‧天論篇》。
〔註186〕《荀子‧勸學篇》。
〔註187〕《荀子‧勸學篇》。
〔註188〕《荀子‧勸學篇》。
〔註189〕《荀子‧勸學篇》。
〔註190〕《荀子‧勸學篇》。
〔註191〕《荀子‧解蔽篇》。
〔註192〕《荀子‧解蔽篇》。
〔註193〕《荀子‧天論篇》。

陰陽所顯示的，爲「象之可以期」、「宜之可以息」、「數之可以事」、「和之可以治」，人若能依之以期、以息、以事、以治，便足以盡「守天」、「守道」之目的。「大巧在所不爲，大智在所不慮」，眞正的智德，不以自然所呈顯之現象之物理的「所以然」爲思慮的對象。「官人守天，而自爲守道」，對於自然呈顯於現象的物理，當由各種專家擔任其職、進行負責；國君則當以致力人道爲務。〔註194〕

荀子云：「故君子……其於天地萬物也，不務說其所以然，而致善用其材；其於百官之事伎藝之人也，不與之爭能而致善用其功。」〔註195〕君子對於天地萬物，「不務其所以然」已意謂承認在呈顯的自然現象背後，有「所以然」之理；但是君子不務此說。「智」德思慮的目的，不在於窮究未知的自然規律，而是著重在如何運用已知之自然現象於人事。相較於揭示自然現象之所以然之理，荀學更重人事：

> 凡以知，人之性也；可以知，物之理也。以可以知人之性，求可以知物之理，而無所疑止之，則沒世窮年不能偏也。其所以貫理焉雖億萬，已不足以浹萬物之變，與愚者若一。學、老身長子，而與愚者若一，猶不知錯，夫是之謂妄人。故學也者，固學止之也。惡乎止之？曰：止諸至足。曷謂至足？曰：聖王。聖也者，盡倫者也；王也者，盡制者也；兩盡者，足以爲天下極矣。〔註196〕

荀學對於自然規律的認識，缺乏窮究的精神，對於學習，荀學明言當有所止。所以當有所止，部分原因在於人無法窮盡對於萬物的認識，部分原因在於學習的對象若是無限度，那麼即使「其所以貫理爲難億萬」，卻「不足浹萬物之變」，那仍舊和愚人無異，是個妄人。「智」德所呈顯的思慮內容和目的，並非在對於萬物進行窮究的純粹認識，而是以對人事的思慮與落實爲主要。學習在以能達「至足」爲目的，而「至足」的達致，即以能否成就「盡倫」、「盡

〔註194〕對於「官人守天，而自爲守道。」一句，劉師培說：「此句蓋總全節言之。官人者、執一不通之人也，……此文言：執一之人，僅知守天，而自以爲守道。蓋荀子之意，以道在天外，……若迷信於天，以爲天外無道，此惟執一不通者則然耳。」按劉師培的解釋來看，那麼荀子在這裡所指的國君，是就智德的角度來言的：具智德者通曉於道，不同於官人只知道之一面。揭示自然只是揭示了道之一隅；智德者所思慮、認識的，則是全體之道、完整之道。關於劉師培的解讀，請參閱同註29書，頁229。

〔註195〕《荀子・君道篇》。

〔註196〕《荀子・解蔽篇》。

制」的內聖外王之道爲標準。由荀學對於學習的限度與目的的內容來看，荀學「智」德實具有一種實用性的態度，以這一種實用性的態度的智德思慮的關懷內容，遂使得對於自然規律的純粹認識產生了阻礙，純粹的科學理論也就無法在荀學那裡得到肯定。

「智」德對於自然規律的窮究，是缺乏興趣的，這除了是因於荀學重人事的性格外，還因自於他對於自然規律的窮究無助於人事的認定。荀學云：

> 凡事行，有益於理者，立之；無益於理者，廢之。夫是之謂中事。
>
> 凡知說，有益於理者，爲之；無益於理者，舍之。夫是之謂中說。
>
> 事行失中，謂之姦事；知說失中，謂之姦道。〔註197〕

「理」爲治理、治道，事行與知說當以能否促成治理、治道的落實爲標準，有助益者爲「中事」、「中說」；無助益者爲「姦事」、「姦道」。荀學的智德思想以有無益於理爲事行、知說的標準，自然律則的認識爲科學精神的一種表現，以自然律則爲對象的理論科學在荀學那裡，自是難以開展。著重人事爲關懷的「智」德思慮，視純粹認識自然律則究竟的活動，只是「無用之辯，不急之察，棄而不治」〔註198〕的。荀學云：「若夫非分是非，非治曲直，非辨治亂，非治人道；雖能之無益於人，不能無損於人；……此亂世奸人之說也，……」〔註199〕「不知無害爲君子，知之無損爲小人。工匠不知，無害爲巧；君子不知，無害爲治。」〔註200〕皆十分明顯地反映荀學拒絕承認理論科學的必要性。總的來看，「智」德思慮是不求知天的。「智」德者積極思慮的對象是「善」，爲的是人事的落實。荀學所以忽略對於「眞」的探求，並不是因爲荀學否定人的認識能力，而是因「智」德重人事、實用之思慮的取捨態度所致。如是思慮，讓對於自然律則的探求，成爲落實人事的功具性角色。

（二）技術與智德的關係

荀學以爲人當「明於天人之分」，不僅使人與自然兩者有著一靜態的分界外，且意味著人利用自然以作用於人事的實踐使命，他賦予人對於自然的主動性。荀子云：「大天而思之，孰與物畜而制之！從天而頌之，孰與制天命而用之！望時而待之，孰與應時而使之！因物而多之，孰與騁能而化之！思

〔註197〕《荀子·儒效篇》。
〔註198〕《荀子·天論篇》。
〔註199〕《荀子·解蔽篇》。
〔註200〕《荀子·儒效篇》。

物而物之，孰與理物而勿失之也！願於物之所以生，孰與有物之所以成！」〔註201〕物之生在天，成之則在人，物不爲天，只是天的部份，爲呈現於現象之物及顯示之物理。「天命」並非指意志之天的天命，是不具宗教意味的，他所意指的是西周以來強調以人之能動性取代被動地爲天所制、所命的思維，是一種轉將價值立基於人，由人來落實與彰明之實踐態度。「應時」指的是循從利用四時的變化，「化之」指的是努力種植以增產作物，「理物」指的是治理萬物、使其得宜。「天地生君子，君子理天地」〔註202〕，相較於「大天思之」、「從天頌之」、「望時待之」、「因物多之」的態度，荀學則立於「天命」之實踐態度，以「應時」、「化之」、「理物」來落實「物畜制之」，完成「天命」〔註203〕。荀學以識呈現於自然之物理並運用之於人事，爲人之本務。

　　相較於荀學對自然的認識所展現的不求知所以然的取捨態度，他對於將呈現於自然之物理作用於人事的技術發展，則明顯是積極的。《荀子》一書中記載了如許技術知識。《荀子》記載：「刑范正，金錫美，工冶巧，火齊得，剖刑而莫邪已！然而不剝脫，不砥厲，則不可以斷繩。剝脫之砥厲之，則劙

〔註201〕《荀子・天論篇》。

〔註202〕《荀子・王制篇》。

〔註203〕荀學對於天人關係的闡釋，其實不是時人所解讀成的那麼積極。近人如熊公哲說：「孔子雖不甚言，然語及君子有三畏，第一畏，即爲畏天命。荀子乃極力破除此等思想，其說與近日西人自然科學家征服天然之見解，最爲相合；誠不得謂非於學術上放一異彩也。」熊公哲之說等於視荀學爲「戡天主義」、「人定勝天」的思想，不過誠如韋政通說的：「如果把它解釋爲戡天主義」，嫌太積極」、「因爲要制天用天，就必須思天，對天進一步的探究，這與『不求知天』是互相矛盾的。」除此之外，荀學對天的態度只是要人能因循和充分利用自然的生存條件，而非征服與改造這個自然。張涅指出時人所將荀學天人關係看作是「人定勝天」的想法，主要是因爲：「誤解了『制』義和『制』涉及的賓語（對象），沒有區別『天』與『物』、『化』與『勝』的意義差異。」「『物』是個人在現實生存環境中經驗認識到的內容，是『天』的表面現象的一部分，因此對『物』的認識不同於對『天』的認識。這個『物』的領域就是『天人之分』後人自存自爲的領域，『化』的方式就是人自存自爲活動的理性特徵。」從荀學關注呈現於經驗之物的因循及利用態度來看，評定荀學爲「戡天主義」、「人定勝天」都似太積極看待荀學了。人類若要是持「戡天主義」、「人定勝天」的思維征服自然，必須先進行抽象的理論探索，以掌握其客觀規律，並且運用規律達成所希望的目的。關於熊公哲、韋政通與張涅的評論。請參閱熊公哲：《荀子今註今譯》（臺北：臺灣商務印書館，1995年），頁329。韋政通：《先秦七大哲學家》（臺北：水牛出版社，1989年），頁161。張涅：〈「人定勝天」思想的歷史查考和認識，刊載於《東岳論叢》（濟南：山東人文科學院，2003年），第二十一卷第二期，頁112。

盤盂刳牛馬忽然耳！」〔註204〕另外，《荀子》還記載著：「直木不待檃栝而直者，其性直也。枸木必將待檃栝烝矯然後直者，以其性不直也。」〔註205〕前者是「最早記述了鑄造優質銅器鑄件的四大工藝要素和加工青銅器鑄件的早期工序」〔註206〕之記錄；後者爲「最早用文字記述了蒸之使柔，矯之使直的塑性形變工藝和稱之爲『檃栝』的矯直工具」〔註207〕的記錄。對於技術的重視爲戰國之際許多有識者的共通見解，爲的是能有效應付自然災害與社會問題；因而，不能不注重實際。針對技術分工及其管理，荀學以爲：

> 農精於田而不可以爲田師，賈精於市而不可以爲市師，工精於器而不可以爲器師；有人也，不能此三技而可使治三官；曰：精於道者也，精於物者也；精於物者以物物，精於道者兼物物。故君子壹於道而以贊稽物。壹於道則正，以贊稽物則察；以正行察論，則萬物官矣。〔註208〕

「精於物」，諳指精於治物，而治物當具有技術，故「精於物」即「精於技」之意。農、賈、工三者精於田、市、器，他們分別具有精通種田、買賣、制作器物三者的技術。荀學以專業分工的模式來落實各項技術之應用。農、賈、工三者身具精通治理某物之技術，但不具擔任田師、市師、器師的資格。「精於物者以物物，精於道者兼物物」，精於治物之技術者以治物，精於治人之道者兼治各治一物之人。因是，君子專一於道，藉由道來考查萬物，萬物自得被明察；藉由道來端正自身德行、省察言論，如是則能管理萬物。

　　就此可以清楚看出，荀學以爲具「智」德者方能「治三官」，具「智」德者雖然「不能此三技」，不具備農、賈、工三者各治田、市、器之專業技術，但荀學卻將管理三者之事統攝於具「智」德者。對於技術與「智」德的關係，荀學云：

> 君子之所謂賢者，非能遍能人之所能之謂也；君子之所謂知者，非能遍知人之所知之謂也；君子之所謂辯者，非能遍辯人之所辯之謂也；君子之所謂察者，非能遍察人之所察之謂也；有所止矣。相高

〔註204〕《荀子・彊國篇》。
〔註205〕《荀子・性惡篇》。
〔註206〕越蓓：〈荀子科技思想評述〉，刊載於《船山學刊》（長沙：湖南省社會科學界聯合會，2000 年），第三期，頁 76。
〔註207〕同註 206 書，頁 76。
〔註208〕《荀子・解蔽篇》。

> 下，視埌肥，序五種，君子不如農人。通貨財，相美惡，辯貴賤，
> 君子不如賈人。設規矩，陳繩墨，便備用，君子不如工人。不卹是
> 非然不然之情，以相薦樽，以相恥怍，君子不若惠施、鄧析。若夫
> 譎德而定次，量能而授官，使賢不肖皆得其位，能不能皆得其官，
> 萬物得其宜，事變得其應，慎墨不得進其談，惠施、鄧析不敢竄其
> 察。言必當理，事必當務；是，然後君子之所長也。〔註209〕

首先，誠如上文，荀學看重的是「智」德者對於有技術者的統治，因爲他們有「道」，有治理人的本領，他們的地位是高於實際具有應用技術的農、賈、工。其次，此段文字還顯示了呈現荀學對於「智」者與技術兩者的對待關係。君子所以長於管理農、賈、工，並非具備人所能做的一切事。具「智」德者「譎德而定次」、「量能而授官」，判斷德行優劣以確定等級次序，量才度能授予職位，使賢與不賢之人得到恰當的職位，使具才能與不具才能者得到恰當的官位，萬物得到妥適的利用，事件的突變得到適合的處置。「智」德，對於倫理實踐，具有認識、分析、推理與權衡的作用，他的對象是禮義，爲倫理實踐所依此的共理，而共理是不變的，普遍的，此是「成文而類」。所謂聖人「發之而當」、「居錯遷移，應變不窮」，即是一種經由將思慮之能發揮，將共理作用於倫理實踐的判斷上所展現出能隨機應變並兼具條理的辯說之用。君子與「於百官之事伎藝之人也，不與之爭能而致善用其功」〔註210〕。這種將技術收攝由「智」德來管理，以指導外王事業的發展，爲一種「智」德的特殊運用。這使得原本客觀、不具是非的技術活動，在以「智」德指導的架構中，變得具有倫理意義。荀學「智」德思想架構出的是一幅具有倫理意義的社會關係，社會的各項活動以落實人道爲目標，從具「智」德者的指導。

二、落實視天之則於人事的知天觀及其意義

近人多將荀學所謂「明於天人之分」解讀爲「天人二分」，意指天與人不具有道德上的關係，以爲荀學強調人的能動性，將價值根源的樹立與落實，全歸於人。人與自然的關係僅僅只是人該知如何配合自然、善用自然以有效於人的「治」與「被治」的關係。拿李滌生的解釋爲例，李滌生以爲：「荀子肯定天爲被治的負面的，正面的能治只靠人爲，靠禮義制度的實效。一切被

〔註209〕《荀子・儒效篇》。
〔註210〕《荀子・君道篇》。

治的負面的，必須落在禮義之系統中，始能得其道，得其成。故『天生人成』實通過禮義之統而成，禮義在荀子系統中，才是積極的，正面的。講天爲自然，爲被治，亦正在顯現禮義之『人爲』義，『能治』義。所以荀子的自然論說來說去，終歸於禮義之實效上。」〔註211〕禮義在荀學的系統是被看重的，但並不是由與天分割開的人來說的。在李滌生的眼裡，天人是分開的，天是天、人是人；天是自然、人不屬自然。在近人「天人二分」的解釋裡，荀學的天與人是不相屬的；但事實上，並非如此。荀子云：

> 天職既立，天功既成，形具而神生，好惡喜怒哀樂臧焉，夫是之謂天情。耳目鼻口形能各有接而不相能也，夫是之謂天官。心居中虛，以治五官，夫是之謂天君。財非其類以養其類，夫是之謂天養。順其類者謂之福，逆其類者謂之禍，夫是之謂天政。暗其天君，亂其天官，棄其天養，逆其天政，背其天情，以喪天功，夫是之謂大凶。聖人清其天君，正其天官，備其天養，順其天政，養其天情，以全其天功。如是，則知其所爲，知其所不爲矣；則天地官而萬物役矣。其行曲治，其養曲適，其生不傷，夫是之謂知天。〔註212〕

從構成的本原看「天」，那麼人與其他列星、日月、四時、陰陽、風雨、萬物等一樣，皆是由「氣」所構成與推動的；是以，人當被視爲天的一部份，非與「天」有別。此段文字常被時人拿來當做他們所謂荀學之「天人二分」的例證，李滌生便認爲荀學此段文字意指：「言聖人盡力人事，就可使天地盡職，萬物供役，皆爲所用。暗示人是天地萬物（自然世界）的主宰，天不是主宰。」〔註213〕但事實上，荀學只是以分述的方式說明「天職」、「天功」、「天情」、「天官」、「天君」、「天養」、「天政」，並未將天與人分割開來。「天職」、「天功」一部份是就「天」之不爲而成、不求而能而說的；「天情」、「天官」、「天君」一部份是指人所稟具的自然官能及其能力與有的自然傾向；「天養」、「天政」的部份，則是要人能以順天之則來落實人事；從者爲福，不從者爲禍。前者是由客觀義言「天」之自然，次者是由人之主體義言人得自「天」之稟具，後者說的是人當順天之則以完成參天地之務。

　　荀學所以說「明天人之分」，不僅指配合自然、善用自然，還包括就人能

〔註211〕李滌生：〈荀子的自然論〉，刊載於《民主評論》（臺北：民主評論，1964 年），第十五卷第二十一期，頁 488。
〔註212〕《荀子・天論篇》。
〔註213〕同註 39 書，頁 368。

主動參天地、明天道以實踐人道之意義而說。聖人具「智」德，所謂「知天」，除了明知呈現於現象之物並發展成技術、運用於人事之外；另外，還具有視天之則於人事之人道落實義。荀學言：「道者，非天之道，非地之道，人之所以道也，君子之所道也。」〔註214〕「天有常道矣；地有常數矣；君子有常體矣。」〔註215〕若是將天、人以分別的方式來看，那麼具「智」德者欲落實人道，他必須先體認天與人的常道；人道的落實不是僅由人身上去找根源，還必須向天找。茲引《荀子》為證：

> 分均則不偏，勢齊則不壹，眾齊則不使。有天有地而上下有差，明王始立而處國有制。夫兩貴之不能相事，兩賤之不能相使，是天數也。〔註216〕

> 然則何以分之？曰：至親以期斷。是何也？曰：天地則已易矣，四時則已遍矣，其在宇中者莫不更始矣，故先王案以此象之也。然則三年何也？曰：加隆焉，案使倍之，故再期也。由九月以下，何也？曰：案使不及也。故三年以為隆，緦麻、小功以為殺，期九月以為間。上取象於天，下取象於地，中取則於人，人所以群居和一之理盡矣。故三年之喪，人道之至文者也，夫是之謂至隆；是百王之所同也古今之所一也。〔註217〕

> 君人者不可以不慎取臣，匹夫不可不慎取友。友者，所以相有也。道不同，何以相有也？均薪施火，火就燥；平地注水，水流濕。夫類之相從也如此其著也，以友觀人焉所疑？取友善人，不可不慎，是德之基也。〔註218〕

荀學言「天」仍具有道德的意義，「夫兩貴之不能相事，兩賤之不能相使，是天數也」，人事中的上下、貴賤之別，並非是人自身所立的，而是因自於天地分有上下之「天數」。荀子在被人問及該根據什麼來分別親疏以定服喪年之時時，則以天地四時的變化來推定作為答覆。在論說交友時，他則採「均薪施火，火就燥；平地注水，水流濕」說明，以天所顯之道理來勸人當慎交友。

〔註214〕《荀子・儒效篇》。
〔註215〕《荀子・天論篇》。
〔註216〕《荀子・王制篇》。
〔註217〕《荀子・禮論篇》。
〔註218〕《荀子・大略篇》。

荀子云：「詩云：『不識不知，順帝之則。』此之謂也。」﹝註219﹞對於「不識不知，順帝之則」，熊公哲釋此是在說「禮本自然之天則，斷不可私智亂之也。」﹝註220﹞荀學是肯定天具有道德意義的，禮制不是可恣意制訂的，其制訂當依順天之則。陳大齊嘗釋荀學的「天」與「人」的關係為：「天地無知無識，不能自理，一定不會有足以資人取法之範式。」﹝註221﹞是以，就此來看，陳大齊的解讀天一定不會有供人取法之範示之論，並不正確。

　　陳大齊將荀學天人關係理解為：「天是自然現象，其生滅變化完全遵照一定不易的自然法則，不會受世間治亂的影響而越出常軌，亦不會為了示警垂戒而變更其常軌，所以自然活動是盲目的，並沒有意志或目的存在於其間。」﹝註222﹞釋荀學的「天」不具有意志是對的，但說天不具有目的，只是個自然現象，則不免有待商榷。《荀子》一書中多次提及「天德」，如：「請問為政？曰：賢能不待次而舉，罷不能不待須而廢，元惡不待教而誅，中庸不待政而化。……夫是之謂天德，是王者之政也。」﹝註223﹞「康誥曰：『弘覆乎天，若德裕乃身。』」﹝註224﹞明顯不是以自然來說天，天有天德，天有其道德之目的，其中，〈不苟篇〉的文段，最為人所知：

> 君子養心莫善於誠﹝註225﹞，致誠則無它事矣；惟仁之為守，惟義之為行。誠心守仁則形，形則神，神則能化矣。誠心行義則理，理則明，明則能變矣。變化代興，謂之天德。

王先謙釋「變化代興，謂之天德」為「既能變化，則德同於天。」﹝註226﹞說能誠心行仁義則同天道，其意甚明，天是有德，有目的的。荀子云：「天地為大矣，不誠則不能化萬物。聖人為知矣，不誠則不能化萬民。」﹝註227﹞天本是誠，聖人「明達用天地理萬變而不疑。」﹝註228﹞聖人有「智」德，同天以

﹝註219﹞《荀子・修身篇》。
﹝註220﹞此處援用熊公哲的看法，請參閱同註203書，頁29。
﹝註221﹞陳大齊：《荀子學說》（臺北：中國文化大學，1898年），頁4。
﹝註222﹞同註221書，頁4。
﹝註223﹞《荀子・王制篇》。
﹝註224﹞《荀子・富國篇》。
﹝註225﹞劉台拱曰：「誠者，君子所以成始而成終也。以成始，則大學之『誠其意』是也。以成終，則中庸之『至誠無息』是也。」請參閱同註23書，頁46。
﹝註226﹞同註23書，頁39。
﹝註227﹞《荀子・不苟篇》。
﹝註228﹞《荀子・君道篇》。

誠化萬民，以參天地。〔註229〕

　　整個天地是有價值的，非單純只爲一自然現象。「荀子把自然現象也與禮連繫起來了，《荀子・禮論篇》中的一段話可反映他這方面的思想：『凡禮……天地以合，日月以明，四時以序，星晨以行，江河以流，萬物以昌；好惡以節，喜怒以當，以爲下則順，以爲上則明，萬變不亂。貳之則喪也。禮豈不至矣哉！……故……禮者，人道之極也。』」〔註230〕自然現象的規律有其道德性，是爲「天道」的表現。荀學所謂「道者，非天之道，非地之道，人之所以道也，君子之所道也」〔註231〕，雖然強調的是人道當由人所立之，但非不識天道的存在與價值。荀學云：「萬物爲道一偏，一物爲萬物一偏。愚者爲一物一偏，而自以爲知道，無知也。」〔註232〕若將天與人以分別的方式看待，那麼自然界的萬物只是道的一偏；反之，人事中所具之共理，亦當只是道之一偏。那麼，聖人立人道，自當識天才足以爲人取法之範示。

　　由此可知，使「萬物各得其和以生，各得其養以成，不見其事而見其功」的天道是博大神妙的，「智」德者對此態度當是「不求知天」的；但是，就

〔註229〕說天不僅具有自然之意，還具有目的性，除了是依《荀子》所言「天德」一詞爲據之外，「誠」字的使用是另一例證。「誠」指信實之意，〈荀子〉說「天地爲大矣，不誠則不能化萬物。」以「誠」說明天對於萬物之化育，意同於〈中庸〉所謂「天地位，萬物育」，「誠者，天之道也。」是就天道之誠而說天。而所謂「聖人爲知矣，不誠則不能化萬民」，意同於〈中庸〉「誠之者，人之道也。」要人將天之自然而成之誠落實於人事以參天地。儒家理解的天，是道德的、目的的，於荀子亦是如此。不過，「天」並不具有意志，當代有的學者以爲荀學思想有著採「天」具有意志的理解。廖名春指出：「梁啓雄則認爲《榮辱》篇的『天生蒸民，有所取之』、《性惡》篇的『天非私曾、騫、孝己而外眾人……天非私齊、魯之民而外秦人』、《賦》篇的『皇天隆物，以示下民，弟子勉學，天不忘也。……嗚呼！上天！曷維其同』、《大略》篇的『天之生民，非爲君也；天之立君，以爲民也』與《修身》篇的『天其不遂乎』一樣，『這幾句話的「天」字明明是指有意識的、人格化的天』。」同註174書，頁183。廖名春對於將荀學的「天」解讀成具有意志所提出的各項理據，皆分別予之檢示，進行反駁。以梁啓雄所引荀子五篇的原文爲例，廖名春大抵以爲倘若細繹這些原文，可以發現這些段落荀子是在強調人爲的，而所以有這貌似天有意志的句子，實或是因爲擬人手法的使用、或表達一種悲憤的情感、或用以強調荀子所要強調的思想而已。是以，按廖名春的看法，不可以將荀子的「天」理解成具有意志。

〔註230〕張穎：〈試論孔、荀對自然規律的探索態度及其對中國古代科技發展的影響〉，刊載於《阜陽師範學院學報》（社科版），第三期，2000年，頁40。

〔註231〕《荀子・儒效篇》。

〔註232〕《荀子・天論篇》。

「天」有可為人取法的範示而言，則具「智」德者理當要「求知天」，此為具
「智」德者所彰顯的明智取捨態度。時人嘗評論荀學因不識「天人合一」，而
言「天人之分」〔註233〕；事實上，是不識「天人合一」與「天人之分」之相
融義。

〔註233〕周振群表示：「人的心思，一落在這個層面上，便不能再有直覺的妙知之表現，
　　　　　不能再承認有超乎現實經驗以外的任何存在了。此即荀子所以不解『天人合
　　　　　一』，而必言『天人之分』的緣故。」同註170書，頁145。

第三章　智德、禮之倫理社會的建構
　　　　與目的

　　總的來說，荀學同孔孟一樣是以立德成就內聖爲基來推拓出外王。不過，荀學對於如何成就內聖的思考，並非採孟子立基於先天道德心的說法，而是以溫和的主智立場爲路徑，從發揮人先天本有之認識官能以成就「智」德來實現內聖的關懷。傳統儒學因爲荀學言性惡而採以「大本不立」的認識，從而不識荀學亦同孔孟重視內聖的解讀，事實上，是有問題的。《荀子》指出：「所謂大聖者，知通乎大道，應變而不窮，辨乎萬物之情性者也。」〔註1〕聖人是「知通乎大道」的，其展現的「應變」、「辨物」，即具「智」德者的品格展現。荀子的「禮」所展現的，即是由人性本有之知能所陶成之「智」德之理性的規範。《荀子》言「情安禮」，情必須合乎於「禮」，亦即合乎理性的要求，即「智」德的要求。

　　「禮」所代表的客觀精神，並非某些時賢論斷是「禮的一元論」。誠如上文所言，「天人之分」的命題並非意指將天與人完全切斷。事實上，他與「天人之分」是相融的，「禮」的落實一方面爲人道之極的完成；另一方面，他同時也具有參天地之義的。「禮」有其時空性，不論是同地異時，亦或是異地同時，皆非一成不變的，即「智」德者本於道貫並依歷史性的需求而有的一種明智表現。這樣的明智表現，在當代研究荀學的時賢眼裡，常被釋爲是功利主義的思維；依論者所見，這是一種只識荀學之禮學重歷史性之一面，卻不識他亦本於道貫之事實的片面解釋。當然，對於「養」的關注是荀學禮論的

〔註1〕《荀子·哀公篇》。

一項重要課題；不過，他仍是以實踐王道的最終關懷作爲完成此份理想的途徑。將「明分使群」等原則落實於社會的禮論思想，使得「道」、「德」、「利」三者緊收攝在一起。在「禮」的思想下，自然生命一方面由偶然狀態逐步邁向理想；另一方面也參與了倫理社會的落實。在此，擬分以兩節進行論述：一、作爲智德落實倫理社會之途徑之禮的意義與結構；二、不爲功利主義而爲尚義的禮論思想。

第一節　作爲智德落實倫理社會之途徑之禮的意義與結構

遍觀《荀子》全書三十二篇的內容，無有不本乎於禮論而成其義之痕跡。不過，欲對荀學禮論有一完整的認識，還必須將之置於他的「智」德思想中，才能夠得到一適切的理解。荀學的禮論可謂是由其「智」德思想之明智取捨態度所開展出的一套落實於具體人事之規矩。「智」德思想的落實，不論是就個人理想生命的完成，亦或是倫理社會的建立，皆是通過「禮」來達成。荀子的禮論思想涉及了關於個人修身的完成、倫理社會的建立，並作用於政治、經濟、學術、文化、自然、物理及天各方面。荀學透過「禮」的落實，實現儒家的天人合一理想；「禮」的落實在消極意義上，使得社會關係有序；在積極作用上，他賦予自然生命具有倫理價值。他的禮論思想，兼顧了不變道貫的持守以及面對現實的明智變通。在此，論者擬分以兩次論之：一、「禮」與「智」德的關係；二、施作於倫理社會的「禮義之統」。

一、「禮」與「智」德的關係

荀子承繼周公及孔子的禮說而發揚光大。《荀子》云：「人生而有欲，欲而不得，則不能無求，求而度量分界則不能不爭。爭則亂，亂則窮。先王惡其亂也，故制禮義以分之，以養人之欲，給人之求。使欲不必窮乎物，物必不屈於欲，兩者相持而長，是禮之所起也。」〔註2〕此段文字，向來被解讀成荀學視禮所以產生所依持的主要理據。對荀子而言，自然傾向生發之情性與欲望是無限度、無界限的。由「養人之欲」、「給人之求」、「欲不窮物」與「物不屈欲」的目的來看，禮的功能在調和「欲」與「物」之間既有的緊張關係，

〔註2〕《荀子·禮論篇》。

使無限度與無界限的「欲」和有限度與有界限的「物」得以平衡、得以有序。不過，深一層地來看，荀子思想「上自人君治國之道，下至個人立身處世之道，乃至飲食起居的細節，莫不爲其涵攝。……故荀子所說的『禮』，包羅言行的各種規範，可說是一切規範的總稱。」〔註3〕「禮者，人之所履也，失所履，必顚蹶陷溺。」〔註4〕「禮者、治辨之極也，強固之本也，威行之道也，功名之總也，王公由之所以得天下也，不由所以隕社稷也。」〔註5〕總的說來，「禮」爲「人道之極」〔註6〕，具積極教化之義。

（一）「禮」為由知入「智」德的門徑

「凡治氣養心之術，莫徑由禮。」〔註7〕「禮」爲治氣養心的門徑，所謂「治氣養心之術」即是將自然生命陶鑄爲具「智」德之理想生命的方法。若由「智」德思想來看，此項過程在以「知」爲陶成對象，以統攝意與情，使自然生命轉爲道德生命。關於荀學如何由「知」的發揮使意與情得以統攝的「智」德思想，前文已論及，不再重述。此處，著重於由知入「智」的歷程中，「禮」所扮演的功能與具有的意義。「凡用血氣、志意、知慮，由禮則治通，不由禮則勃亂提僈。」〔註8〕由荀學對「禮」的論述來看，「禮」具有成德之教化義，荀子云：

> 好法而行、士也。篤志而體、君子也。齊明而不竭、聖人也。〔註9〕
> 彼學者；行之，曰士也；敦慕焉，君子也；知之，聖人也。〔註10〕
> 凡以知，人之性也；可以知，物之理也。以可以知之性，求可以知物之理，而無所止之，則沒世窮年不能遍也。其所以貫理焉雖億萬，已不足以浹萬物之變，與愚者若一，……故學者以聖王爲師，案以聖王之制爲法，法其法以求其統類，以務象效其人。嚮是而務，士也；類是而幾，君子也；知之，聖人也。〔註11〕

〔註3〕陳大齊：《荀子學說》（臺北：中國文化大學，1898年），頁14。
〔註4〕《荀子・大略篇》。
〔註5〕《荀子・議兵篇》。
〔註6〕《荀子・禮論篇》。
〔註7〕《荀子・修身篇》。
〔註8〕《荀子・修身篇》。
〔註9〕《荀子・修身篇》。
〔註10〕《荀子・儒效篇》。
〔註11〕《荀子・解蔽篇》。

荀學不以立先天的道德心爲倫理價値之源，而著重以學禮使自然生命透過積累的歷程發揮知能來成就「智」德。「禮」的教化之義倘若與成「智」的歷程相配合來看，可看出荀學禮學教化的功能，他是先以形塑外在行爲使之合理爲起點，以成就能「宗原應變」的「智」德爲終。荀學根據生命展現的道德品格，分人爲「士」、「君子」與「聖人」三者。「士」爲「好法而行」，致力於「禮」之實踐，堅守地遵循禮法，一切以禮法來辦事。相較於「士」，「君子」他一方面意志堅定地力行「禮」，一方面在能近知禮法與其所依持之理據的統類關係。

　　《荀子》云：「積善成德」〔註12〕、「積善而全盡謂之聖人」〔註13〕，道德生命的陶成需透過學「禮」之積累過程。「士」是「故知既已知之矣，言既已謂之矣，行既已由之矣，則若性命肌膚之不可易也。故富貴不足以益也，卑賤不足以損也，如此則可謂士矣。」〔註14〕「故事（士）不揣長，不揳大，不權輕重，亦將志乎爾。」〔註15〕「士」對禮法的堅持，顯示他具有自制的品格，爲意志堅持依禮法行的趨向表現；此遵守禮法的自制品格，爲理想生命品格的一部份。「士」所以「知不務多」、「言不務多」、「行不務多」、「不能盡道術」、「不能遍美善」〔註16〕，是因爲「士」尚未認識禮法之所據，行爲之合宜只是遵行外在之禮法規範。是以，學禮首要在行禮、遵禮。

　　「君子」同「士」爲成德過程的特殊階段，界於「士」與「聖人」之間。《荀子》云：「篤志而體，君子也」、「類是而幾，君子也。」「君子」不僅行爲合度，且「言必當理」〔註17〕，知曉禮法之據。荀學由知成「智」的進一步工夫，在知曉禮法之據，以成爲「君子」。荀學謂：「匹夫問學，不及爲士，則不教也。」〔註18〕欲知曉禮法之據，須透過學習；其中，以具有「士」之志於行禮的自制品格爲先在的要求。「聖人」與「君子」有別：（一）「君子」對禮法之據雖有所知，但未致完全；（二）「聖人」除了通全知曉禮法之據外，他能夠「舉一應萬」、「宗原應變」。「聖人之知」是「言之千舉萬變，

〔註12〕　《荀子・勸學篇》。
〔註13〕　《荀子・儒效篇》。
〔註14〕　《荀子・哀公篇》。
〔註15〕　《荀子・非相篇》「事」、宋本、臺州本皆作「士」，二字通用。請參閱李滌生：《荀子集解》（臺北：臺灣學生學局，2000年），頁76。
〔註16〕　《荀子・哀公篇》。
〔註17〕　《荀子・儒效篇》。
〔註18〕　《荀子・儒效篇》。

其統類一也。」〔註19〕聖人是見四海於一室，論遠古於今日，觀物知情，通曉治亂，經天緯地，掌握大道的〔註20〕。如是的生命型態為「智」德品格的展現，其所呈現之「智」不同於前諸階段的由知能之發展與積慮所成具自制之品格的「士」或相較於「士」進一步，但尚未完全知曉禮法之據與具「宗原應變」之品格的「君子」。聖人之「智」，為完全德化的生命，為能盡倫、盡制者。

　　荀學採溫和主智的立場，以「禮」為習得的對象，以陶鑄「智」德為務。荀子云：「其數則始乎誦經，終乎讀禮；其義則始乎為士，終乎為聖人。」「禮」為由知入「智」的一項方式，其意義不僅僅在獲得道德知識，還包括德行的涵養與磨鍊。荀子云：「禮之中焉能思索，謂之能慮；禮之中焉能勿易，謂之能固。能慮、能固，加好者（之）焉，斯聖人矣。」〔註21〕聖人所以「能慮」、「能固」，在於「禮之中焉能思索」、「禮之中焉能無易」；所以「加好者之焉」，是因其生命已積慮成「智」。是以，習「禮」的意義甚明，「禮」不僅在規範現實行為之儀節，他「還直通於精神性的意志思慮之域。」〔註22〕由「士」、「君子」以至為「聖人」的三種生命型態之品格發展過程，即自然生命之知能透過「禮」，使養成道德的知識理性，並漸次地經由行禮之積累，以完成具道德的實踐理性之「智」德之陶成目的的歷程。

（二）「禮」為參天於人事之「智」德的開顯

　　荀學之所以發展知能為入「智」之途，乃因自然生命的傾向易流為惡，道德不能由內向外擴充，必須靠外在力量的教化。荀學云：「故聖人化性而起偽，偽起而生禮義，禮義生而制法度；然則禮義法度者，是聖人之所生也。」〔註23〕「凡所貴堯禹君子者，能化性、能起偽、偽起而生禮義。」〔註24〕「禮」所以可作為治氣養心的門徑、教化的標準並具有德化的作用，是因為「禮」實乃根本於天道之「智」德於人事的具體落實。承如前文所述，「天」在荀學那，並不是無價值、純粹的自然；其「天德」一說，延續著孔孟視天具道德義的觀念。荀子云：

〔註19〕《荀子・性惡篇》。
〔註20〕《荀子・解蔽篇》。
〔註21〕《荀子・禮論篇》。
〔註22〕周群振：《荀子思想研究》（臺北：文津出版社，1987年），頁78。
〔註23〕《荀子・性惡篇》。
〔註24〕《荀子・性惡篇》。

> 禮有三本：天地者，生之本也；先祖者，類之本也；君師者，治之
> 本也。無天地，惡生？無先祖，惡出？無君師，惡治？三者偏亡，
> 焉無安人。故禮，上事天，下事地，尊先祖，而隆君師，是禮之三
> 本也。〔註25〕

「本」當爲「根本」、「本源」、「基礎」〔註26〕。關於「禮有三本」，李滌生解讀爲：「言禮所由出之基本有三：天地生物以養人，人之本出於先祖，制禮以郊天、社地、禘祖，此祭禮中之最隆重者。君師（師、亦君也）爲政教之本，社會共同生活之秩序，賴以維繫。故制禮以天地、先祖、君師三者爲立法的綱領。」〔註27〕對於「無天地，惡生？無先祖惡出？無君師，惡治？」李氏的解讀是：「沒有天地生產萬物，人類生活何以維持？沒有先祖，人類生命將從何來？沒有君師，社會秩序何由安定？」〔註28〕李氏對於「禮有三本」之解讀，是有待商榷的。細部地看，其實李滌生「禮有三本」的解讀，是就人所以得以生存的角度來說的，並非是就「根本」、「本源」、「基礎」的角度解「禮有三本」。「天地」、「先祖」、「君師」當然爲人之所以得以生存的原因；唯若採此解讀，則雖可用以解釋此三者何以爲是祭禮的對象〔註29〕，但這卻使所謂的「禮」之本者，只剩「君師」一者，有違於荀學「三本」說。

「天地」、「先祖」、「君師」三者爲「禮」所以成之據，三者分爲「生之本」、「類之本」、「治之本」。「治之本」意指「君師」爲現實之儀節規範的制訂者，以人事所顯之共理爲其依持之理據，而所有理據皆同於天地。荀子云：

> 聖人者，以己度者也。故以人度人，以情度情，以類度類，以說度

〔註25〕《荀子‧禮論篇》。

〔註26〕張覺：《荀子校注》（長沙：岳麓書社，2006 年），頁 231。

〔註27〕同註 15 書，頁 422。

〔註28〕同註 15 書，頁 422。

〔註29〕在《禮論》這段文字的後文，是關於祭禮的談論。祭禮對所祭祀的對象展現著一種思慕之情，具有宗教的價值。因此，時賢多就人之所以得以生存之原因來理解「禮有三本」，在他們的眼裡看來，荀學所謂「禮有三本」，是指因爲若無「天地」、「先祖」、「君師」三者，則人將無有現實生存的可能而說的。也因是故，「天地」、「先祖」、「君師」才爲表思慕之情之祭禮的對象。此處，論者則是就「天地」、「先祖」、「君師」爲「禮」所本之據來解讀「禮」有三本。除了李滌生，韋政通的解讀同李滌生，關於韋政通的看法，請參閱：韋政通：《荀子與古代哲學》（臺北：臺灣商務印書館，1997 年），頁 216。

功，以道觀盡，古今一也。類不悖，雖久同理，故鄉乎邪曲而不迷，觀乎雜物而不惑，以此度之。〔註30〕

天地以合，日月以明，四時以序，星辰以行，江河以流，萬物以昌，好惡以節，喜怒以當：以爲下則順，以爲上則明，萬變不亂，貳之則喪也。禮豈不至矣哉！立隆以爲極，而天下莫之能損益也。

本末相順，終始相應，至文以有別，至察以有說，天下從之者治，不從者亂，從之者安，不從者危，從之者存，不從者亡，小人不能測也。〔註31〕

君臣父子兄弟夫婦，始則終，終則始，與天地同理，與萬世同久，夫是之謂大本。〔註32〕

古今之共理皆同，「君師」抽繹歷史人事中的共理，用之於現實之「禮」的制作上。荀子云：「禮之理誠深」、「其理誠大矣」、「其理誠高矣」。荀子言理，「只不過在作爲主體之名言上，易傳謂之『易』，中庸謂之『誠』，荀子則謂之『禮』。而貫通於三者之中，且眞實地爲其內容或本質者，則全在一個『理』字」〔註33〕是以，荀學所謂「三本」，當以「天地」最爲根本。「天地」一方面爲人類生存的物質前提，他提供了生存的空間及需要的物質；一方面就「禮」根本之源來說，「天地」相較於「先祖」爲「類之本」、「君師」爲「治之本」，「天地」則爲「生之本」，更爲「禮」根本之所源。在荀學那裡，君臣、父子、兄弟、夫婦等社會倫理關係所據之大本是同天地的。荀學說：「夫義者，內節於人而外節於萬物者也。」〔註34〕「有天有地而上下有差，明王始立而處國有制。……是天數也。」〔註35〕荀學的「天人之分」，是針對天之於人類社會不具有意志性之影響的強調；他並未否定天與人二者的相互關係。天與人二者之間，有著根源的統一，致使他們在目的上也是相同的、一致的。天地由禮而和諧、日月由禮而光明，四時由禮而有序、星辰由禮而運行、江河由禮而奔流，天地展現的自然規律有一道德之意義，而落實於人事之規範與制度在本源上與天地同，人道之極的落實即爲「禮」的實現，即對

〔註30〕《荀子・非相篇》。
〔註31〕《荀子・禮論篇》。
〔註32〕《荀子・王制篇》。
〔註33〕同註22書，頁79。
〔註34〕《荀子・疆國篇》。
〔註35〕《荀子・王制篇》。

於天地的參與。

　　整個天地的規律即客觀之「禮」的表現，因此「智」德者制禮不是任意的，而是有所本的、有所據的〔註 36〕，這爲落實於人事的規範與制度提供了普遍性及有效性的保證，社會的秩序即此道德性、超越性、絕對性之天的具體化。荀子云：

　　　　天地爲大矣，不誠則不能化萬物。聖人爲知矣不誠則不能化萬民，

　　　　父子爲親矣，不誠則疏。君上爲尊矣，不誠則卑。〔註 37〕

「誠」者貫通天人。天地雖博大，不誠不能化萬物，聖人具智德，不誠不能化萬民。劉台拱曰：「誠者，君子所以成始而成終也。以成始，則大學之『誠其意』是也。以成終，則中庸之『至誠無息』是也。」從自然生命由知入「智」之德行修養的角度來看，「誠」關涉的是主體修德的工夫，是個體完成道德生命所需的一項條件，是一種專一的眞誠態度；就理想品格之完成來看，「誠」爲自然生命之修德歷程之終點，具「智」德者同天爲「誠」。就天地化萬物、「智」者化萬民的角度來看，「誠」爲教化之原則與內涵。「誠」才能化萬民，化萬民才是「政事之本」。天顯示的，不僅是自然之規律，天還具有著道德義，「誠」之「外王」功能之所以可能，不爲無所本的「外王」，乃因於「禮」的落實正是天地規律於人類社會的具體化。「人無禮不生，事無禮不成，國家無禮不寧。」〔註 38〕無論自然生命、人事或國家，皆得透過「禮」始得成爲一合理的存在，與整體有一和諧的關係。

〔註 36〕勞思光評論荀學禮論：「今荀子只識自然之『性』，觀照之『心』，故不能在心性上立價值之源，又不欲取『法自然』義，於是退而以『平亂』之要求爲禮義之源；如是。禮義之產生被視爲『應付環境需要』者，又爲生自一『在上之權威』者。就其爲「應付環境需要」而論，禮義只能有「工具價值」；換言之，荀子如此解釋價值時，所謂價值只成爲一種『功用』。另就禮義生自一『在上之權威』而論，則禮義皆成爲外在（荀子論性與心時，本已視禮義爲外在）；所謂價值亦只能權威主義下之價值矣。」說禮義只具平亂的工具價值、爲權威主義，是不公允的；禮義雖然外在的，但禮義實施的目的不僅在平亂，還有成就良好品格的教化義。勞思光所以評論荀學爲「權威主義」，是因荀學以君爲民的規範、以君之修身作爲國之本，卻「又不欲取『法自然』之義」。不過，從荀學將禮之據上溯於天來看；荀學實非勞思光說的是一種不法自然、君爲價值之源的「權威主義」。關於勞思光的評論，請參閱勞思光：《新編中國哲學史》（一）（臺北：三民書局，1990 年），頁 340～342。

〔註 37〕《荀子・不苟篇》。

〔註 38〕《荀子・大略篇》。

二、施作於倫理社會的「禮義之統」

　　禮所具有的教化意義與由知入智成就道德之實踐理想是相符的，目的皆在使自然生命成爲眞正的德行生命。在「化性起僞」的意義底下，禮可謂爲自然生命轉渡爲道德生命之歷程所依循的標準。道德生命雖可說是藉由外在之禮先由形塑行爲以漸次地內化成德而成；但從根本上來說，禮義到底是還是聖人所立的，荀子說：「故聖人化性而起僞，僞起而生禮義，禮義生而制法度；然則禮義法度者，是聖人之所生也。」〔註39〕對於「化性而起僞」，楊倞注：「言聖人能變化本性，而興起矯僞也。」禮義法度具教化自然生命爲道德生命之功能，但非唯一成就理想生命之途；自然生命自身有向善之意志傾向，按荀子溫和主智立場來看，聖人之理想生命乃先於禮義，可不通過禮義而完成。禮乃由聖人創制，在時間發生之序列關係上，聖人先於禮之制訂；聖人先自變化本性，再生發禮義。周群振指出：「然於聖人『化性起僞』的序幕或形式，語意中已分明表示『化性』在先，『起僞』在後，則與荀子以聖人之僞爲創始義之原意，頗相符合。」〔註40〕禮除了是個體生命教化的標準、爲治氣養心之術，荀學將政治、國家的維繫也透過落實禮來實踐。

　　在政治方面，《荀子》云：「禮義者，治之始也。」〔註41〕「上莫不致愛其下，而制之以禮。上之於下，如保赤子，政令制度，所以接下之人百姓。有不理者如豪末；則雖孤獨鰥寡必不加焉；故下之親上歡如父母，可殺而不可使不順，君臣上下，貴賤長幼，至於庶人，莫不以是爲隆正；然後皆內自省以謹於分，是百王之所同也，而禮法之樞要也。」〔註42〕「禮者，人主之所以爲群臣寸尺尋丈檢式也。」〔註43〕政治的基始在禮義，制度的基礎與治亂的關鍵皆在禮，而在政治的人臣關係中，禮是爲人主統馭群臣的方法。在國家方面，《荀子》云：「國無禮則不正。禮之所以正國也，譬之猶衡之於輕重也，猶繩墨之於曲直也，猶規矩之於方圓也。」〔註44〕「禮者、治辨之極也，強固之本也，威行之道也，功名之總也，王公由之所以得天下也，不由所以隕社稷也。」〔註45〕「禮義不加於國家，則功名不白。故人之命在天，

〔註39〕《荀子‧性惡篇》。
〔註40〕同註 22 書，頁 66～67。
〔註41〕《荀子‧王制篇》。
〔註42〕《荀子‧王霸篇》。
〔註43〕《荀子‧儒效篇》。
〔註44〕《荀子‧王霸篇》。
〔註45〕《荀子‧議兵篇》。

國之命在禮。君人者，隆禮尊賢而王，重法愛民而霸，好利多詐而危，權謀傾覆幽險而盡亡矣。」〔註46〕「故禮及身而行修，義及國而政明，能以禮挾而貴名白，天下願，令行禁止，王者之事畢矣。」〔註47〕國家存亡關鍵在禮，禮能正國，爲強國之本，義若及於國家則政明，禮爲王天下之資具。

（一）「禮」、「理」、「類」三者的關係

「禮」爲荀學落實倫理社會的重要方式，爲社會行爲的規範、治國的標準和原則，其作用涵蓋的範圍及於一切人事的面向：文化層面、制度層面、生活層面，無不歸禮，「禮」是人與天地參之行爲及態度的一種價值取向的具體反映。這種的具體反映，包括有具體行爲的規範及行爲規範的來源，他有著形而上的根據，及由之運用推衍出的形下的具體規範，他連結著人與社會、人與自然，使人、社會、自然三者結合成爲有目的的完整存在系統，他消解了自然生命與社會、自然生命與自然的緊張和衝突關係，三者因「禮」而和諧地共生、共存。

根據統計，「禮」字在《荀子》一書中，共出現達三百四十四次〔註48〕；其中，按陳大齊的點計〔註49〕來估算，「禮」與「義」字連用而稱爲「禮義」的，占「義」出現三百十四次中的百分之三十六，約出現一百一十三次。關於「禮義」荀子云：

> 君子位尊而志恭，心小而道大；所聽視者近，而所聞見者遠；是何邪？則操術然也。故千人萬人之情一人之情也。天地始者，今日是也。百王之道，後王是也。君子審後王之道，而論於百王之前，若端拜而議。推禮義之統，分是非之分，總天下之要，治海內之眾，若使一人。故操彌約而事彌大。五寸之矩盡天下之方也。故君子不下室堂而海內之情舉積此者，則操術然也。〔註50〕

荀學對於「禮義」的重視甚明，全書中多次言「禮義」，並與「統」併成爲「禮義之統」。所謂「禮義之統」即「操術」，爲君子操持之道術，爲「位尊

〔註46〕《荀子・致士篇》。

〔註47〕《荀子・致士篇》。

〔註48〕劉殿爵：《荀子逐字索引》（香港：香港中文大學中國文化研究所，1996年），頁360。

〔註49〕陳大齊：〈荀子所說的義〉，刊載於《孔孟學報》第二十一期，1971年，頁43。

〔註50〕《荀子・不苟篇》。

而志尊，心小而道大；所聽視者近，而所聞見者遠」以至「不下室堂而海內之情舉」之效之方。由相因而生的主從關係上來看，所以能「分是非之分」、「總天下之要」、「治海內之眾」，在於君子能推據「禮義之統」為運作之樞紐〔註 51〕。推究荀學所以強調「禮義之統」的原因，可要歸為二：（一）荀子云：「不道禮憲，以詩書為之，譬之猶以指測河也，以戈舂黍也，以錐餐壺也，不可以得之矣。故隆禮，雖未明，法士也；不隆禮，雖察辯，散儒也。」〔註 52〕「上不能好其人，下不能隆禮，安特將學雜識志，順詩書而已耳！則末世窮年，不免為陋儒而已！」〔註 53〕所以「隆禮義」、「殺詩書」，在於詩書雖可以興發人心，但是「故而不切」〔註 54〕，所載多古代故史事，未必能符合當前實踐情況，得到只是博雜的知識；（二）荀子云：「略法先王而不知其統，猶然而猶材劇志大，聞見雜博。」〔註 55〕「略法先王而足亂世術，繆學雜舉，不知法後王而一制度，不知隆禮義而殺詩書。」〔註 56〕子思、孟子所以為荀學非難，乃因自於知性主體力求發展智德的荀學，在道德方面表現出的性格是邏輯的、建構的、純智的；子思、孟子立道德於先天道德心，難為尚倫理論辯的主智心靈所接受。

「禮義之統」為智德為開展一套涵蓋所有層面之客觀有效的禮之網絡，使落實天人相合之目的之倫理論辨所依循的邏輯架構。荀子云：「心也者，道之工宰也。道也者，治之經理也。」〔註 57〕就道德認識的主體來談，誠如上文所說的，荀學之「心」具意志上之自由、自主，具區辨、分類與價值性判斷之能力，聖人具有智德，禮義由聖人所制，為此項工作之所以得有現實的可能，即是因「理智之心之基本表現即為邏輯，此是純智的。邏輯之初步表現即在把握共理，由之以類族辨物。」〔註 58〕此邏輯架構，可藉由分析「禮」

〔註 51〕　對於「推禮義之統，分是非之分，總天下之要，治海內之眾」四句，周群振
　　　　　　指出「……表面看來，似為對舉平列之四事，而詳察其思理，則顯然具有相
　　　　　　因而生的主從關係，繹其實義，即是說『推據一個最高的禮義之統，以分判
　　　　　　是非之分，總攝天下之要，然後可以安治海內之眾。』」請參閱同註 22 書，
　　　　　　頁 91。
〔註 52〕　《荀子・勸學篇》。
〔註 53〕　《荀子・勸學篇》。
〔註 54〕　《荀子・勸學篇》。
〔註 55〕　《荀子・非十二子篇》。
〔註 56〕　《荀子・儒效篇》。
〔註 57〕　《荀子・正名篇》。
〔註 58〕　牟宗三：《名家與荀子》（臺北：臺灣學生書局，1979 年），頁 200。

具有的四種意義來展示：（一）「禮制」的禮；（二）「禮義」的禮；（三）「禮理」的禮；（四）「超越義」的禮〔註59〕。《荀子》云：

> 聖人積思慮、習偽故、以生禮義而起法度，然則禮義法度者，是生於聖人之偽，非故生於人之性也。〔註60〕

> 先王惡其亂也，故制禮義以分之，使有貧富貴賤之等，足以相兼臨者，是養天下之本也。〔註61〕

> 禮者，貴賤有等，長幼有差，貧富輕重皆有稱者也。〔註62〕

> 故人無禮則不生，事無禮則不成，國家無禮則不寧。〔註63〕

荀學所謂「禮」或「禮義」可爲「制度義」的禮〔註64〕。荀學云：「人生而有欲，欲而不得，則不能無求，求而無度量分界，則不能不爭。爭則亂，亂則窮。先王惡其亂也，故制禮義以分之，以養人之欲，給人之求。」〔註65〕聖人爲因應社會秩序的現實需要而制禮。「制度義」的禮具有息爭亂、禁姦說、和人群的作用。「人無禮義則亂；不知禮義則悖。」〔註66〕聖人「制禮義以分之」，「然後出於辭讓，合於文理，而歸於治。」〔註67〕透過「制度義」之禮

〔註59〕 王祥齡〈荀子哲學的近代化特徵〉一文指出荀學的「禮」有四義：「一是『禮制』的禮，是客觀的由聖人所制訂的外在『制度義』的禮；二是『禮義』的禮，是主觀的由人對所理解的判知外在制度義的『行爲義』的禮；三是『禮理』的禮，是禮之所以爲禮的『法則義』的禮。然此法則義的禮，源自『天行有常』的『常道』，且『道者，體常而盡變』，故君子能『以義變應』。是知，禮又具有道的『超越義』，所以能無所不包。」王祥齡分荀學之「禮」爲四義，爲荀子禮學的認識帶來啓發。論者在此對禮進行的討論，基本上是依著王祥齡對「禮」區分出的名目進行說明；但就內容看法上來說，論者與王祥齡的看法並非是完全相同的。請參閱王祥齡：〈荀子哲學的近代化特徵〉，編錄於《荀子思想的當代價值國際學術研討會會議論文集》（臨沂：山東大學，2007年8月6日），頁434。

〔註60〕 《荀子・性惡篇》。

〔註61〕 《荀子・王制篇》。

〔註62〕 《荀子・富國篇》。

〔註63〕 《荀子・修身篇》。

〔註64〕 「禮」與「禮義」依所具上下文判斷，時具有同義。陳大齊〈荀子所說的義〉一文依原文論斷二者等同：「（《荀子・疆國篇》）『彼國者亦有砥厲，禮義節奏是也。故人之命在天，國之命在禮。人君隆禮尊賢而王。』上言禮義，結語中則省去義字，單說一個禮字。由此看來，則禮義等於禮，禮與禮義，並無差別之可言。」同註49書，頁43。

〔註65〕 《荀子・禮論篇》。

〔註66〕 《荀子・性惡篇》。

〔註67〕 《荀子・性惡篇》。

實行，以建立具謙讓與秩序之安定社會。言談辯說需合於「禮」，「辯說譬喻，齊給便利，而不順禮義，謂之姦說」〔註68〕，「制度義」之禮可促成論辯之和諧，防止對話者間的挑釁與爭論情形出現；論辯是社會活動藉以進行溝通的形式，是以論辯活動之形式的穩定與和諧必需得到維持。「故人生不能無群，群而無分則爭，爭則亂，亂則離，離則弱，弱則不能勝物。故宮室不可得而居也，不可少頃舍禮義之謂也。」〔註69〕「制度義」的禮，還可以和人群，使共渡生活之人群可以組織起來；人群若無法成一和諧之組織，則會離散，走向衰弱。

　　「禮義」之禮是指主觀的由人對所理解的判知外在制度義的「行爲義」的禮；「制度義」的禮是客觀的，他對於人之主觀之價值實踐而言，具有道德上應當行之義。「今之人，化師法、積文學、道禮義者、爲君子，縱性情、安姿睢、而違禮義者、爲小人。」〔註70〕道禮義者爲君子，違禮義者爲小人，「人無法則悵悵然」，「禮」爲人修身處世之標準。「人無禮則不生」，禮落實於現實之外面規範，使得群體的互動能夠得到合義的形式規定，個人的行爲當從「禮義」之禮之行爲義。

　　對行爲者而言，「禮制」之禮所以普遍、具有效力；「禮義」之禮，所以作爲行爲之圭臬，乃因於二者含有客觀之理據，爲客觀理據之具體化。荀子云：「禮也者，理之不可易者也。」〔註71〕「禮」含有不可變易之理，「禮」的本質爲理。因此，「禮」還可作爲「禮理」之禮，爲「禮制」與「禮義」之禮所以然之「法則義」的禮。關於「禮理」之禮與「禮制」及「禮義」之禮的依持關係，可以藉由荀學「義」與「類」爲之說明。荀子云：「義者循理，循理，故惡人之亂之也。」〔註72〕又云：「誠心行義則理，理則明，明則能變矣。」〔註73〕「義」與「理」關係是密切的，行義之人，則必當依理而行之；人若行義，則其行事必有條理，能變應事物。荀子云：「義、理也。」〔註74〕事實上說來，「義」即爲「理」。就此來說，則「法則義」之禮即同「義」、同

〔註68〕《荀子・非十二子篇》。
〔註69〕《荀子・王制篇》。
〔註70〕《荀子・性惡篇》。
〔註71〕《荀子・樂論篇》。
〔註72〕《荀子・議兵篇》。
〔註73〕《荀子・不苟篇》。
〔註74〕《荀子・大略篇》。

「理」，三者雖異名實同義，為智德行思辨依持之客觀理據。

「禮制」、「禮義」由智德思辨而成，「義」為智德者進行倫理論辯、制訂「禮制」、賦予「禮義」所依持之客觀原理、原則的根據。君子為「天地之參也」〔註75〕，用以參天地的依持為「理」，君子「言必當理，事必當務」〔註76〕，「言而當、知也，默而當、亦知也」〔註77〕「當」為應當、適當之義。智德展現的明智言行，皆因循於理而當。荀學明言：「不知法之義而正法之數者，雖博臨事必亂。」〔註78〕制度義之「禮制」與行為義之「禮義」，因「禮理」而具有合理性，荀子指出若僅僅知道「禮制」、「禮義」，卻未嘗通曉「禮理」；那麼，行事將會有無所從之苦。

「推禮義之統，分是非是分，總天下之要，治海內之眾，若使一人。」〔註79〕「無君子，則天地不理，禮義無統」〔註80〕理天地者，當具智德始能「總天下之要」，其理天地所持之理據，可由「統類」來說明。《荀子》直言「禮義之統」一詞，僅僅在「推禮義之統，分是非之分，總天下之要，治海內之眾，若使一人。」一段文字中出現過一次，但於他處言「統類」甚多，為「禮義之統」之義的代稱〔註81〕：如「故學者以聖王為師，案以聖王之制為法，法其法以求其統類，以務象效其人。」〔註82〕「君子大心則敬天而道，小心則畏義而節，知則明通而類，……。」〔註83〕「志安公，行安脩，知通統類，如是則可謂大儒矣。」〔註84〕等段落中的「統類」皆是同「禮義之統」之義之不同形式的表述，知統類者為聖王、為大儒、為君子。

荀學將「類」運用在其社會倫理建構所依持之「禮」的思想上。「類」字

〔註75〕《荀子・王制篇》。
〔註76〕《荀子・儒效篇》。
〔註77〕《荀子・非十二子篇》。
〔註78〕《荀子・君道篇》。
〔註79〕《荀子・不苟篇》。
〔註80〕《荀子・王制篇》。
〔註81〕周群振指出：「『禮義之統』一語，在荀子書中，惟上舉不苟篇之文一度言之，他處似不再見，但其為義，既係整個荀子思想學說大旨之所存，則他處之不見，亦可只是表意之語言詞彙有轉換，並非其論說之僅止於此一章一節也。」「則真應視為禮義之統本義之宣明和代稱者，便不得不落在全書各處常用之『統類』一詞了。」參閱同註22書，頁99。
〔註82〕《荀子・解蔽篇》。
〔註83〕《荀子・不苟篇》。
〔註84〕《荀子・王制篇》。

的使用，在《荀子》中具有多義性〔註85〕；不過，「類」字的含義雖然很多，但是彼此實爲連貫之思想，由「類」字之各種相互連貫之含義可以彰明荀學「禮」之思想。荀子云：「先祖者，類之本也。」〔註86〕「有知之屬莫不愛其類。」〔註87〕「類不可兩也，故知者擇一而壹焉。」〔註88〕「有欲無欲，異類也。」〔註89〕「類」字具有「種類」之意。凡屬一種類者，乃就其「相似」處而言之。性質相似者爲「同類」；反之，則稱「異類」。被稱爲「同類」者，不一定是就形狀、大小就物性或表現之相似處而稱之，「同類」者所以被歸屬爲「同類」亦可就彼此具有相同之理而稱爲「同類」，這其中包含有人事之理在內。荀子云：「誅賞而不類，則下疑俗險而百姓不一。」〔註90〕且云：「其交遊也，緣類而有義。」〔註91〕無論在政治方面的賞罰，抑或是在個人交遊方面，都當依「類」而行。由此處來看，荀學將群己和一之人事之理，亦分明爲「類」，這相較於前者而言有一意義上之差別：「類」之種類義之使用，不僅只是在實然之認識上，亦用於應然的認識上。將「類」用運於應然的認識上，係爲一種關乎倫理價值之理的分類。荀子云：「苟仁義之類也，雖在鳥

〔註85〕俞仁寰：〈荀子書中的「類」字與邏輯〉一文，曾針對荀子當時通行之「類」字用法進行分析與歸納，指出共有十一種含義：（一）「類」指一種祭祀，例如《書經・堯典》：「肆類於上帝」；《禮記・王制》：「類乎上帝」。（二）用作種類之「類」，如《說文》：「種類相似，惟犬爲甚」；《左傳》：「非我族類，其心必異」。（三）「類似」之「類」字，《左傳》：「非君也，不類」。（四）作「善」解，《詩經・大雅》：「克明克類」因古人保守，宗法社會，子肖父爲善，不肖爲不善。（五）作「法」解，《楚辭》：「吾將以爲類分。」（六）「類別」之「類」，《論語・衛靈公篇》：「有教無類」。（七）作「皆」解，「夫富貴者，則類傲之」意即不管他人之富貴是否正當得來，一概看輕他。（八）「依」之意，《左傳》：「晉君類能而使之」。（九）「類引」之類：《孟子・告子上》：「指不若人滿則知惡之；心不若人，則不知惡，此之謂不知類也。」（十）「類比」之意，《墨子・經下》：「異類不比」。即不同類者，例如木頭之長與夜晚之長，即不能相類比。（十一）「充類」之意，《孟子・滕文公下》：「是尚能充其類乎」，即擴充其理之意。參閱俞仁寰：〈荀子書中的「類」字與邏輯〉，刊載於《政治學季刊》（臺北：臺大政治學會出版，1960 年 4 月），第二期，頁9。荀學「類」字多義，推敲與當時既已存在著有「類」多義之使用現象有關。

〔註86〕《荀子・禮論篇》。

〔註87〕《荀子・禮論篇》。

〔註88〕《荀子・解蔽篇》。

〔註89〕《荀子・正名篇》。

〔註90〕《荀子・富國篇》。

〔註91〕《荀子・君道篇》。

獸之中，若別白黑。」〔註92〕「倫類不通，仁義不一，不足謂善學。」〔註93〕
「脩脩分其統類之行。」〔註94〕此處所謂的「仁義之類」、「倫類」、「統類」，
皆爲「類」於倫理價值層面上的用法，是爲「禮制」之禮與「禮義」之禮所
依之理。荀子云：「然則人之所以爲人者，非特以二足而無毛也，以其有辨
也。」〔註95〕人所以爲人，不在形體上爲二足且無毛，在於人有知辨之能，「知
統類」一方面說明了「禮制」之禮與「禮義」之禮二者的根據，一方面則是
呼應著由知入智的理想生命，其智德能力爲一種具明通而類之處理人事的品
格。

聖王爲禮之制訂及推動者，荀子云：「王者之人：飾動以禮義，聽斷以類，
舉措應變而不窮。夫是之謂有原。」〔註96〕智德者在舉措上所以能應變、能
不窮，在他在以「類」斷聽政事；具智德者「以類斷聽」是爲有「原」，即爲
本其「本」而有治。「以類斷聽」的可能性來自主觀上智德能抽象「類」中之
理，而「類」中之理即其有效性之所在。荀子云：「以類行雜」〔註97〕，「推
類而不悖」〔註98〕，「類不悖，雖久同理。」〔註99〕就倫理價值之類而言之，
每一類自有成其爲「仁義之類」、「倫理」、「統類」之理，故「類」由「理」
而成，「理」由「類」而顯，智德者行思辨所依持之客觀理據在此。「禮制」
之禮與「禮義」之禮緣自「類」所顯之共理，以之爲原則。

荀學對於「類」的使用，「一方面表示是善類、道類，一方面也標明此整
個類內，是有秩序條理關係者。」〔註100〕「其言有類，其行有禮」〔註101〕，
即是就此義，言「類」可爲「禮制」之「禮」與「禮義」之「禮」之依據。
不過，若是就「單類」所示之「禮理」之「理」觀之，則所顯之「理」當作
爲是殊理，他們在「類」的系統中由一最高的「理」所統攝之，可稱之爲「大
理」。荀子云：「萬物爲道一偏，一物爲萬物一偏。愚者爲一物一偏，而自以

〔註92〕《荀子·儒效篇》。
〔註93〕《荀子·勸學篇》。
〔註94〕《荀子·儒效篇》。
〔註95〕《荀子·非相篇》。
〔註96〕《荀子·王制篇》。
〔註97〕《荀子·王制篇》。
〔註98〕《荀子·正名篇》。
〔註99〕《荀子·非相篇》。
〔註100〕同註85書，頁10。
〔註101〕《荀子·儒效篇》。

爲知道，無知也。」〔註102〕「凡人之患，蔽於一曲，而闇於大理。」〔註103〕
「夫道者體常而盡變，一隅不足以舉之。」〔註104〕顯示僅蔽於面片之道者，
爲闇於大理，尚不得稱爲識道，不具有智德。荀子云：「故法不能獨立，類
不能自行。」〔註105〕「禮者」所以爲「法之大分」、「類之綱紀」，「在天地之
間畢矣」〔註106〕，在「禮」還具有「超越義」之義。「道者，體常而盡變」
〔註107〕，智德者能「以義變應」〔註108〕，在他能體「常道」、知「大理」，曉
「超越義」之禮。〔註109〕

（二）兼融「法先王」與「法後王」之「禮」的精神

　　荀子整個禮學的精神即「禮義之統」。爲矯飾自然生命之情性、導化人之
情性與建立倫理社會，聖王因而「起禮義，制法度」〔註110〕。此番作爲所展
示的，不論是就禮的結構來剖析，或就禮的應變來說，皆是具智德之心靈的
現實落實；荀子思想基本上是「法先王」的，「法後王」的提出，可說是在意
義上與「法先王」一致，兼考慮歷史環境的特殊性而說的，可說是對具智德
之聖王所持守之「禮義之統」從不同側重的部分而做的強調與說明。關於「法
先王」與「法後王」荀子云：

　　　　略法先王而不知其統，然而猶材劇志大，聞見雜博。案往舊造說，
　　　　謂之五行，甚僻違而無類，幽隱而無說，閉約而無解。〔註111〕

〔註102〕《荀子·天論篇》。
〔註103〕《荀子·解蔽篇》。
〔註104〕《荀子·解蔽篇》。
〔註105〕《荀子·君道篇》。
〔註106〕《荀子·勸學篇》。
〔註107〕《荀子·解蔽篇》。
〔註108〕《荀子·不苟篇》。
〔註109〕此在，論者的分述主要是著重於由「禮」、「類」、「理」三者之間的關係，由
　　　　之說明「禮」具有的四義。關於「禮」與「義」的關係，陳大齊論斷：「義與
　　　　禮、同質，同功，又可互相通用，……義與禮、並非絕無差別，不過其差別
　　　　甚微，不足重視。」「禮的如何表現、要由義來決定，義所決定的、要由禮來
　　　　表現。自此點言之，未嘗不可謂義與禮是一件事。義是所行的，誠諸內，禮
　　　　是所用以行的，形諸外。自此點言之，又未嘗不可謂義與禮是兩件事。故如
　　　　實言之，義與禮是一件事的兩面，義爲裏而禮爲表。表裏是相連的，不可分
　　　　割。故說到義，必聯帶意味著其形諸外的禮，說到禮，亦必聯帶意味著其誠
　　　　諸內的義。」請參閱同註49書，頁59。
〔註110〕《荀子·性惡篇》。
〔註111〕《荀子·非十二子篇》。

當代荀學研究者就有視「法後王」爲荀學提出用以批駁子思、孟子「法先王」的看法，將之視做爲荀學對於厚今薄古之社會進化論的肯定〔註112〕；事實上，「法先王」與「法先後」並不相悖。在《荀子》書中，許多有段落可以證明他對「先王」是持肯定態度的，如：「不聞先王之遺言，不知學問之大也」〔註113〕，或「故先王案爲之制禮義以分之，使有貴賤之等，長幼之差，知愚能不能之分，皆使人載其事而各得其宜」〔註114〕，或「儒者法先王，隆禮義，謹乎臣子而致貴其上者也」〔註115〕，「先王以禮義表天下之亂，今廢禮者，是棄表也。故民迷惑而陷禍患，此刑罰之所以繁也。」〔註116〕他對於惠施、鄧析的批駁，更顯示出他對於「法先王」的重視：「不法先王，不是禮義，而好治怪說，玩琦辭，甚察而不惠，辯而無用，多事而寡功，不可以爲治綱紀。」〔註117〕此處若與「禮者，法之大分，類之綱紀」配合著看，那麼禮義的推動當歸由「先王」來持守；對於不合先王、不順禮義之言辯，荀學稱之爲「姦言」〔註118〕荀子說子思、孟子「略法先王」的批駁，當是就其「不知其統」而說的。荀學所以說子思、孟子「甚僻違而無類，幽隱而無說，閉約而無解」，是因爲與他們在人性上的差異而衍生出對於禮義看法不同的批判。

根據龐樸對馬王堆帛書《五行篇》做的研究所示，所謂「五行」應該指的是仁、義、禮、智、聖，爲五種德行。若釋「五行」爲仁、義、禮、智、聖，而這五種德行在《荀子》思想中是被肯定的，那麼「五行」本身當非荀學批判的對象。荀學所反對的當是這種五德行在性善論觀點下，皆被統歸於善性中，成爲先天道德心本有，而這明顯與孔子未嘗將之視爲出於人之本性的立場不同，況且他承繼孔子之學的精神而主智德。「子思、孟軻既稱人性爲善，仁義禮智聖出於人性之本有，又要說法先王，實際上連先王產生的必要性都否定了，連聖王禮義存在的邏輯根據都拋棄了。」〔註119〕承接本研究於

〔註112〕馮契：《中國古代哲學的邏輯發展》（上冊）（上海：人民出版社，1990年），頁262。
〔註113〕《荀子·勸學篇》。
〔註114〕《荀子·榮辱篇》。
〔註115〕《荀子·儒效篇》。
〔註116〕《荀子·大略篇》。
〔註117〕《荀子·非十二子篇》。
〔註118〕《荀子·榮辱篇》。
〔註119〕廖名春：《荀子新探》（臺北：文津出版社，1994年），頁318～319。

上文對於「禮」之四層意義做的剖析來看，作用於個人、社會、政治之禮的
系統，是由著主觀上具智德者之具抽繹「類」之共理及共理所本源之「大理」
及將之運用於人事之品格發揮及與此等抽繹能力相應之客觀對象而完成的。
以智德思想來看，形下之具體的「禮制」規範及其所含括的行義內涵，皆有
著形上的依據。這由形上之抽象下貫於具體的落實，是有一步驟、有一邏輯
的。若從荀學之主智精神觀之，則子思、孟子無疑取消了先王之道的邏輯根
據；由是，可見得荀學力駁不識「禮義之統」之道德知識之建構邏輯的子思
與孟子之「不知其統」意。

　　「禮義之統」的道德知識建構邏輯，還表現在「推類」上，這可以由「法
後王」的釋析得知，使「禮義之統」獲得意義上之完整。關於「法後王」，荀
學云：

> 聖王有百，吾孰法焉？曰：文久而滅，節族久而絕，守法數之有司
> 極禮而褫。故曰：欲觀聖王之跡，則於其粲然者矣，後王是也。彼
> 後王者，天下之君也；舍後王而道上古，譬之是猶舍己之君而事人
> 之君也。故曰：欲觀千歲，則數今日；欲知億萬，則審一二；欲知
> 上世，則審周道；欲知周道，則審其人所貴君子。故曰：以近知遠，
> 以一知萬，以微知明，此之謂也。〔註120〕

《荀子》一書中論及「後王」處，約計十三次之多，他所以標榜「後王」有
其用心，荀學雖未嘗明言「後王」者為何者〔註121〕，但是由他對於「後王」
論述，大抵可以推知所謂「後王」所指為「周道」。荀子云：「欲觀千歲，則

〔註120〕《荀子‧非相篇》。
〔註121〕《荀子》言「法後王」，但是對於「後王」究竟為何人，並未明示，這項疑問
　　　　為歷史上的荀學研究者所注重。根據廖名春的歸納，大抵可分成為三種主要
　　　　流行的說法：（一）認為「後王」為「當今之王」、「當時之王」、「近時之王」，
　　　　漢代司馬遷直至唐代的楊倞，都持此說，此說在評法批儒者那，盛為流行，
　　　　許多人認為「法後王」口號的提出，是用以反對子思、孟軻的「法先王」，為
　　　　一種厚今薄古的社會進化論說法；（二）認為「後王」即周文王、周武王，由
　　　　此斷定荀子的「法後王」與孟子的「尊先王」是一回事，沒有什麼積極意義，
　　　　由清人劉臺拱首先提出，王念孫、馮友蘭、郭沫若等人亦持此說。甚至有人
　　　　以為荀學的「法先王」或「法後王」均構不成一個理論命題，前後矛盾，混
　　　　亂不堪；（三）以為「後王」指的是有位或無位的聖人，是一位懸虛的期待中
　　　　的將來的王天下者，此說源自章太炎。廖名春則認為「後王」指的當為成王
　　　　與康王。關於廖名春的歸納及廖名春對於「後王」的論斷，請參閱同註119
　　　　書，頁165、171。

數今日；欲知億萬，則審一二；欲知上世，則審周道；欲審周道，則審其人所貴君子。」荀學言「周道」，「周道」當為周朝之道，當代學者進一步分析「後王」所指為何，而有文王、武王及成王、康王之說，暫且不論何者說法為是，就以「後王」的時代來看，至少可以確知「後王」當指周朝之王，是沒有問題的；而另外一種說「後王」是懸虛的期待中的將來的王天下者說法，自然就難以成立。「欲觀聖王之跡，則於其粲然者矣，後王是也」，「聖王之跡」所以當由「後王」來觀之，推測原因在於歷史上先王的「善政」因著時間的遠久而變得不可考其跡；相對的看，「後王」卻是「粲然者」〔註122〕，「傳者久則論略，近則論詳略則舉大詳則舉小。愚者聞其略而不知其詳，聞其詳而不知其大也。是以文久而滅，節族久而絕」〔註123〕，可謂是對於所以法後王的再說明。既然「聖王有百」〔註124〕，是以從相對的角度來看，所謂的「後王」隨著時間，日後將成為「先王」；反之，將時間往前一推，故有的「先王」，亦曾是「後王」；是以，「先王」與「後王」在內涵上並無分別，皆持守著「禮義之統」。

　　荀學云：「略法先王而足亂世術，繆學雜舉，不知法後王而一制度，不知隆禮義而殺詩書」〔註125〕「王者之制，道不過三代，法不貳後王。道過三代謂之蕩；法貳後王，謂之不雅。」〔註126〕在荀學那裡，社會秩序需有具通曉道德知識之邏輯的人來建立，道德知識的邏輯必須是有理在其中，此理是不易、不變的，而無論是「先王」亦或是「後王」當然都具有通曉這邏輯、這不易不變之理之心靈，「先王」所持守的「禮義之統」當為「後王」所含括，荀學當未有絲毫貶斥「先王」之意。時人常推究荀學倡「法後王」的原因，只在因為後王是粲然明備的，且周朝是初始具有天下一統之局，故說治道當由周道來觀先王之道，如熊公哲便評斷：「顧荀子以論貴辨合符驗，故觀之近節之見聞，審之詳明之周道。蓋即孔子殷夏相因，百世可知之意；亦即從周之意也。而豈以其近己易行哉？是故孟子祖述堯舜者也。荀子憲章文武者也。且夫荀子之非十二子也，於子思孟軻則曰：略法先王，而不知其統。不知其統，故曰略法。先王者，固久而俞略者也。然則荀子非以子思孟軻法先王為

〔註122〕《荀子·非相篇》。
〔註123〕《荀子·非相篇》。
〔註124〕《荀子·非相篇》。
〔註125〕《荀子·儒效篇》。
〔註126〕《荀子·王制篇》。

非也。特非其不知統耳。荀子者固法先王而求其統者也。」〔註127〕熊公哲說
荀學強調的是「法先王而求其統」是沒錯，但是他針對荀學為「法先王而求
其統」而倡「法後王」之義蘊的解讀卻是有問題的，熊公哲說：「曷謂統？
曰：統者，統類也。即所以齊法教之所不及，聞見之所未至者也。觀聖王與
後王是已」〔註128〕熊公哲釋「法後王」之意義，在藉由後王來認識現今法教
所不及、所不識的先王之教。不過，他用以釋析的「法教之所不及，聞見之
所未至」兩句話的前後文為：

> 法後王，一制度，隆禮義而殺詩書；其言行已有大法矣，然而明不
> 能齊法教之所不及聞見之所未至，則知不能類也；知之曰知之，不
> 知曰不知，內不自以誣，外不自以欺，以是尊賢畏法而不敢怠傲：
> 是雅儒者也。法先王，統禮義，一制度；以淺持博，以古持今，以
> 一持萬；苟仁義之類也，雖在鳥獸之中，若別白黑；倚物怪變，所
> 未嘗聞也，所未嘗見也，卒然起一方，則舉統類而應之，無所儗作；
> 張法而度之，則晻然若合符節：是大儒者也。〔註129〕

其實，這兩句話不在指現今法教所不及、所不識的先人之教。事實上，荀子
意在比對「後王」與「雅儒」的差異，「後王」是「知且能類」的，而「雅儒」
則是「知不能類」，「後王」能由「類」獲悉「法教之所不及，聞見之所未至」，
即一種將道德知識的邏輯及不變之理「推類」運用於尚未為現今之禮所涵蓋
的情形，此為「因革損益」的智德表現，正顯示荀學對於禮在考量歷史之具
體條件上的重視態度。

　　荀學指出欲觀聖王之跡，卻「舍後王而道上古」，那就像是「猶舍己之君
而事人之君」〔註130〕；「以近知遠」、「以一知萬」、「以微知明」是所以由「後
王」以知「先王」的理據，不過這項對於先王之道德知識的邏輯及不變之理
的認識，並不足以應付有殊於先王之現今歷史。「類」在荀學那裡，尚有「推
類」之意。荀學云：

> 上則能尊君，下則能愛民；政令教化，刑下如影；應卒遇變，齊給
> 如響；推類接譽，以待無方，曲成制象，是聖臣者也。〔註131〕

〔註127〕《荀子·儒效篇》。
〔註128〕熊公哲：《荀卿學案》（臺北：臺灣商務印書館，1967年），頁47～48。
〔註129〕《荀子·儒效篇》。
〔註130〕《荀子·非相篇》。
〔註131〕《荀子·臣道篇》。

> 有法者以法行，無法者以類舉。以其本知其末，以其左知其右，凡
>
> 百事異理而相守也。慶賞刑罰，通類而後應。〔註132〕

就歷史的角度來做觀察，具體的「禮制」之禮及「禮義」之禮並非是不變的，不論是同地異時，亦或是異地同時，皆是如此。「推類接譽」的「推類」，李滌生釋為「推理」〔註133〕。「推類」是智德思慮的作用，具有「應變」與「解惑」的功能，所謂的「以類舉」、「舉統類」，即道德主體將「類」推理於非常之事，為一種倫理思慮的推論活動，是一種將不易之理在具體人事上的殊化與應用〔註134〕。所謂的「應變不窮」〔註135〕、「宗原應變，曲得其宜」〔註136〕、「應變曲當」〔註137〕、「以其本知其末，以其左知其右」、「通類而後應」〔註138〕，即「推類」思慮之無不曲得其宜，足以為制度法象的表現。此外，再進一步地來看，可見得這殊化與應用的智德已將「法」收攝於「禮義之統」中。「由士以上則必以禮樂節之，眾庶百姓則必以法數制之」〔註139〕、「隆禮至法則國有常，尚賢使能則民知方」〔註140〕，在社會秩序的建立與維繫上，荀學是「禮」「法」雙行的。不過，「禮」與「法」並非是在本質上有別的兩套規範；無論是就「法」所依持的本源或為求應變而尋制新法之方式的角度來看，「法」皆是以「禮」為本的。由「法」的本源來看，「禮」與「法」的關係是「非禮是無法」〔註141〕，他們的本末關係，當是「禮」為本、「法」為末，「法」以「禮」為本源，「禮」與「法」雖可分解的說，但是就「法」

〔註132〕《荀子・大略篇》。

〔註133〕同註 15 書，頁 291。

〔註134〕柯雄文指出：「對荀子來說，做為證成活動的『推類』，是知慮的重要面向之一。這種知慮的目的有二：一是應變，二是解惑。知慮的目的有驅除人生的種種疑難。過『統類』的理想，在『道』的引導下，知慮的目的乃希望因應情勢之需而獲致思想與行動的一致，亦即，能行義而不受制於習蔽。因此，君子必『依乎法，而又深其類。』」「在緊急情況下，必須依賴推類來知慮。雖然推類無疑地是由對過去『道』用的某些範例的知識所引導，但它所面對的是無『法』來引導我們的情況。」柯雄文：《倫理論辯》（臺北：黎明文化事業公司，1990 年），頁 77。

〔註135〕《荀子・非相篇》。

〔註136〕《荀子・非十二子篇》。

〔註137〕《荀子・儒效篇》。

〔註138〕《荀子・大略篇》。

〔註139〕《荀子・富國篇》。

〔註140〕《荀子・君道篇》。

〔註141〕《荀子・修身篇》。

的本源爲「禮」來看，「禮」與「法」是不可做本質意義上的切割。荀學明言「禮者，法之大分，類之綱紀也。」〔註142〕聖王依「禮」制「法」，「有法者以法行，無法者以類舉，聽之盡也。」〔註143〕「法」的適用性是有限度的，在歷史洪流中，必須隨著環境條件的改變而做調整，「法」相較於現今的需求不盡然能夠完全反應；是以，在這樣的情況底下，將具有「推類」、「推理」之價值思辨之智德，作用於現今的需要以制訂新法，即是爲著「因革損益」的現實考量，是爲「禮義之統」的另一層涵義。

　　「禮義之統」是分就「法先王」與「法後王」來說的，具有兩義。荀子云：「百王之無變，足以爲道貫。一廢一起，應之以貫，理貫不亂。」〔註144〕「法先王」著重於彰明道德知識的邏輯及所持之不變之理；縱向地來說，這是「先王」與「後王」所共持之「道貫」。此「道貫」於現今之具體表現上，無論是「禮制」之「禮」或有之所顯的「禮義」之禮，抑或是「法」，皆必然得考量歷史的特殊性。「縱然我們承認抽象的道貫是確定的，這種確定的道貫的現實存在，卻不可免地是因主體不同而呈現種種不同的。」〔註145〕因而具體落實方面，禮必須在殊化及應用的適應性考量下，將此道貫推理作用於現實，以完成符合歷史所具之動態性特徵的禮制。

　　無論是道德知識的邏輯及恒持的不變之理，抑或是「因革損益」的態度及「推類」的智慮作用，皆是荀學「禮義之統」所彰明的，荀學將「禮義之統」作爲一切人事活動的規範總則，一切人事由之成爲一大網絡。這當中包含著荀學對於當時身處之時代之所需的回應，《荀子》一書中許多篇目討論著「富國」、「強兵」等當時代流行的課題，如：〈富國〉、〈彊國〉、〈議兵〉、〈王霸〉、〈致士〉、〈君道〉、〈臣道〉等篇，裡頭再再顯示對於現實需要的肯認。荀學對於外王事業是關注的，他將他們需要納入了自身的思想，藉由「禮義之統」於制度上的落實來實現。

第二節　不爲功利主義而爲尚義的禮論思想

　　無論是傳統或現今的荀學研究，都有視荀學爲重霸、重功利的論斷，這

〔註142〕《荀子・勸學篇》。
〔註143〕《荀子・王制篇》。
〔註144〕《荀子・天論篇》。
〔註145〕韓德民：《荀子與儒家的社會理想》（濟南：齊魯書社，2001年），頁322。

些論斷之中，有的甚至還說荀學是功利主義的〔註146〕。的確，在荀學的思想中有著對於富國、強兵的言論主張；不過，這樣的關懷可以由他所身處的歷史環境得到解釋，單單以他對於富國、強兵的言論主張而判定他是功利主義，並不合理。禮的起源的確產生自人類生物需要的滿足，但是他亦包含了教化的意義；只是這兩個目的的關係，大概在那些視荀學爲功利主義者的眼裡來看，教化的意義也只剩下實現生物性之滿足的功能罷了。儒學的重心，除了強調內聖之外，還包含他對於外王現實落實的關切；在荀學那裡，這樣的關切在當時環繞著他的時局氛圍的要求下，自然愈被看重。雖然，荀學透過禮的建構完成這樣的希求；但深入地看來，他並非工具性的。禮若是一種工具性的作用，那麼，荀學對於德的強調也只不過就是一種工具性品格的養成，一個人究竟是否具有品格，只是在於能否落實這形下之所需之實踐。事實上，對於利與義，荀學仍是稟承儒學一貫「以義取利」的態度。在此，本節擬分兩次進行論述：一、荀學義利觀內涵及其於儒學義利思想中的轉折意義；二、作爲落實社會倫理之禮義之統的若干現代解讀的商榷。

一、荀學義利觀內涵及其於儒學義利思想中的轉析意義

　　基本上，荀學對於自然生命的普遍共通性是肯定的，「禮義之統」一項功能即在滿足自然情欲的傾向。關於「義」與「利」本末關係，孟荀同孔子採取以「見利思義」、「以義取利」爲立場，具有道德價值之「義」爲求「利」時當所遵行的行爲綱紀，「義」與「利」的關係是「義先利後」的關係。不過，「義」雖然優先於「利」，但與孟子相較下，荀學提出的義利觀顯然要比孟子來得積極，他所揭示的「義」「利」關係，也使得孟荀的「義」「利」觀，在思想上有著明顯的轉折。

　　孔子「仁」學確立了「義」與「利」的關係，孔子云：「不義而富且貴，於我如浮雲。」〔註147〕「富與貴，是人之所欲也，不以其道得之，不處也。」

────────────

〔註146〕在今日倫理學的討論中，「功利主義」（Utilitarianism）一詞，多習慣改以「效益主義」稱之。當代時賢對於荀學禮論思想的研究，嘗有以「功利主義」來評斷；按他們的理解來看，荀學制禮的目的在強調禮的功效，他們以爲荀學是以行爲的結果來評斷行爲的道德性。對此，本研究則以爲荀學的禮論思想不適合以「功利主義」來理解；爲此，論者試重新指出那些視荀學爲功利主義之立論的誤解，而在檢示過程中凡引自時人稱荀學爲功利主義的論述內容，則在爲求引文之眞確性的要求下，論者不擬以「效益主義」一詞更改他們用「功利主義」一詞釋荀學之禮論思想的語詞使用習慣。

〔註147〕《論語‧述而篇》。

〔註148〕又云：「義然後取，人不厭其取。」〔註149〕孔子說「君子喻於義，小人喻於利」〔註150〕，雖然是以「義」和「利」來描述「君子」與「小人」之別，不過他並未將「義」與「利」兩者對立；「君子」與「小人」之別分在於行為者能否「見利思義」、「以義取利」。孔子「罕言利」〔註151〕，在以「踐仁」為生命理想之首要前提下，人欲的滿足必須在合義的情形下才稱得上是合理。關於「利」，可以就得利的對象區分為「私利」與「公利」兩種，前者為個人之利，後者為公眾之利。合義的「私利」與「公利」在孔子那裡，未嘗不可取。孔子云：「見利思義，見危授命，久要不忘生平之言，亦可以成人矣。」〔註152〕在合義的前提下，孔子並不反對求利。是以，就「私利」來說，「富而可求也，雖執鞭之士，吾亦為之」〔註153〕，財富之私利是可求的，即便是手拿著鞭子擔任守門的工作。關於「公利」，孔子說「義以生利，利以平民，政之大節也。」〔註154〕「見利思義」、「以義取利」的抉擇思維，不僅許可了那些合理的「私利」，亦作用於整體之「公利」的抉擇思維上。「利以平民」說的正是儒學對於「公利」的外王關懷，他以「義以生利」為落實「公利」的原則，也為「外王」的推拓活動做了範圍的規定。「公利」為「外王」所需，合義的「公利」可利平民，為政之大要。

孟子延續著孔子「見利思義」、「以義取利」的義利觀思想，如孟子云：「非其義也，非其道也；祿之以天下，弗顧也，繫馬千駟，弗視也；非其義也，非其道也，一介不以與人，一介不以取諸人。」〔註155〕孟子與孔子一樣重視「公利」，譬如他說：「民為貴，社稷次之，君為輕」〔註156〕又云：「明君制民之產，必使仰足以事父母，俯足以畜妻子；樂歲終身飽，凶年免於死亡。」〔註157〕他對人民之於「利」的需要是關注的，譬如他指出人民無恒產則會無恒心〔註158〕，倘若不能夠維繫人民的溫飽，那麼，「惟救死而恐不贍，奚暇治

〔註148〕《論語・里仁篇》。
〔註149〕《論語・憲問篇》。
〔註150〕《論語・里仁篇》。
〔註151〕《荀子・子罕篇》。
〔註152〕《論語・憲問篇》。
〔註153〕《論語・述而篇》。
〔註154〕《左傳》。
〔註155〕《孟子・萬章上篇》。
〔註156〕《孟子・盡心下篇》。
〔註157〕《孟子・梁惠王上篇》。
〔註158〕《孟子・梁惠王上篇》。

禮義哉。」〔註 159〕孟子還提出「制民之產」的看法，期使人民「仰足以事父母，府足以畜妻子，樂歲終身飽，凶年免於死亡。」〔註 160〕不過，若將他承繼於孔子的義利觀點與他所持性善觀點相配著來看，孟學性善說的提出實造成義利觀內涵之改變，「義」和「利」之間遂在理論上有著緊張的關係。

《戰國策》裡頭描述了孟荀身處的時代亂象：「貪饕無恥，競進無厭，國異政教，各自制斷，上無天子，下無方伯，力功爭疆，勝者爲右。兵革不休，詐僞並起。」〔註 161〕當時風氣可謂是尚利卻失義的，孟子「義利之辨」的提出，一項目的即在端正時代亂象，他以先天道德心說性善的立場，試圖由生命應當踐履此內在於主體之道德心之理想，拉回已淪喪的時代風氣。是以，程顥爲之做了如下詮釋：「君子未嘗不欲利；但專以利爲心則有害。惟仁義則不求利而未嘗不利也。當是之時，天下之人，惟利是求而不復知有仁義；故孟子言仁義而不言利，所以拔本塞源而救其弊，此聖賢之心也。」〔註 162〕孟子云：「仁，人心也；義，人路也。」〔註 163〕他還說：「人之所以異於禽獸者幾希，庶民去之，君子存之。舜明於庶物，察於人倫；由仁義行，非行仁義也。」〔註 164〕孟子單以先天道德心規定「性」，因而「性」不包括感官欲望等自然生命的傾向，而所謂理想生命的完成即在彰明由先天道德心所規定的「性」；換言之，亦即理想生命的實現即單純地由道德主體的挺立而落實。是以，孟子相較於孔子，自然生命需要的「私利」與「公利」，表現上雖是被其思想肯定；但究底地來看，無論是「私利」或「公利」皆根本不爲孟子積極重視。

孟子雖然有類似孔子對於「私利」與「公利」的肯定，如：「謹庠序之教，申之以孝悌之義，頒白者不負戴於道路矣。七十者衣帛食肉，黎民不飢不寒，然而不王者，未之有也。」〔註 165〕但是，從他對於人性的理解及實現理想生命的方式所在來看，「利」事實上並不是道德思想活動的一項考量。孟子將「由仁義行」與「行仁義」對舉，視眞正的道德行爲爲「由仁義行」，倫理實踐的

〔註 159〕《孟子·梁惠王上篇》。
〔註 160〕《孟子·梁惠王上篇》。
〔註 161〕劉向集錄：《戰國策》（臺北：里仁書局，1990 年），頁 1196。
〔註 162〕溫晉城選注：《孟子會箋》（臺北：正中書局，1954 年），頁 2。
〔註 163〕《孟子·告子上篇》。
〔註 164〕《孟子·離婁下篇》。
〔註 165〕《孟子·梁惠王上篇》。

價值乃內在於道德主體內心明覺明朗而自動自發的行爲本身；因此，相對地來說，「行仁義」是以仁義爲行爲外在的對象，易淪落成爲落實「公利」的實踐工具。一項道德行爲，他必須是「由仁義行」，一項行爲若是「行仁義」，則不具有道德價值。

　　孟子的義利觀以「由仁義行」爲主導，孟子與梁惠王的對話即是「由仁義行」主導的義利觀來開展的，呈現出「重義去利」的義利觀，《孟子》云：

> 孟子見梁惠王，王曰：「叟！不遠千里而來，亦將有以利吾國乎？」孟子對曰：「王何必曰『利』？亦有『仁義』而已矣。王曰『何以利吾國？』大夫曰『何以利吾家？』士庶人曰『何以利吾身？』上下交征利，而國危矣。萬乘之國，弒其君者，必千乘之家；千乘之國，弒其君者，必百乘之家。萬取千焉，千取百焉，不爲不多矣。苟爲後義而先利，不奪不饜。未有『仁』而遺其親者也；未有『義』而後其君者也。王亦曰『仁義』而已矣，何必曰『利』？」〔註166〕為人臣者，懷利以事其君，爲人子者，懷利以事其父，爲人弟者，懷利以事其兄，是君臣、父子、兄弟終去仁義，懷利以相接；然而不亡者，未之有也。先生以仁義說秦、楚之王，秦、楚之王悅於仁義，而罷三軍之師；是三軍之士樂罷而悅於仁義也。爲人臣者，懷仁義以事其君，爲人子者，懷仁義以事其父，爲人弟者，懷仁義以事其兄，是君臣、父子、兄弟去利，懷仁義以相接也；然而不王者，未之有也。何必曰利？〔註167〕

孟子對於梁惠王的忠告，是將「利」視爲與「義」相對的概念。固然「未有『仁』而遺其親者也；未有『義』而後其君者也。」但這種對親、君有的「利」其實是「依仁義而行則福澤君、親，這樣的效果於君、親有『利』。只是此說的『利』其實是『德澤』的延伸，而不能說是依仁義而期待相對之利。」〔註168〕就此來看，孟子以爲「利」「由仁義行」的看法，似同孔子所謂的「以義生利」。當然，儒學皆是以生命具有德行爲理想生命，孟子亦是。不過，孟子是以心說性的，這種以先天道德心釋理想生命內涵的看法，是以先

〔註166〕《孟子·梁惠王上篇》。
〔註167〕《孟子·告子下篇》。
〔註168〕楊秀宮：〈義利之辨在技職教育中的意義——以孔孟荀「義利之辨」爲核心之研究〉，刊戴於《樹德科技大學學報》（高雄：樹德科技大學，1993 年），第五卷第二期，頁245。

天的道德心規定「性」。孟子云：「君子所性，仁義禮智根於心。」〔註169〕「義」
為先天道德心所識四端之一，倫理活動的實踐根據在擴充此心，「利」隨「由
仁義行」自然伴隨出。「由仁義行」在這種對於「性」的規定下，使得先天道
德心之外其他的自然傾向變成為是與先天道德心相對的負面傾向，「利」與生
命之需要的關係自然也就難被正視，而順著孟子性善論往下說便會與儒學言
義顧利的說法有了差別，孟學表現上雖承續著孔子的關懷，但是這種唯以先
天道德心釋性的說法便在理論上與那自孔子承繼來的關懷有了距離。

　　縱然孟子其他言論亦流露他對於「公利」的關切，不過在性善說的理路
底下，「利」無論是在對於個人生命或國家發展而言，也就不具有被正視的機
會〔註170〕，義利觀轉成為「重義輕利」、「重義去利」的義利觀色彩。這也難
怪致力恢復孔孟心學的宋明時代會有「存天理去人欲」的誤解，孟學性善說
使得義利觀有著在思想理路上與關注上的不一致論調，性善論在思想理路上
切斷了尋「利」的合理性。

　　表面上來看，學界針對荀學非十二子的標準與目的，雖有著不同的解
釋；不過，總的來看，皆不脫以為荀學對於十二子的批駁是依著那足以完成
治道之「禮義之統」來進行的，他對十二子的批駁，表明了他對於治道的看
法。《荀子》云：

　　　縱情性，安恣睢，禽獸行，不足以合文通治；然而其持之有故，其
　　　言之成理，足以欺惑愚眾；是它囂魏牟也。〔註171〕
　　　忍情性，綦谿利跂，苟以分異人為高，不足以合大眾，明大分；然而
　　　其持之有故，其言之成理，足以欺惑愚眾；是陳仲史鰌也。〔註172〕

〔註169〕《孟子・盡心上篇》。
〔註170〕王充針對孟子與梁惠王的對話，提出質疑：「夫利有二：有財貨之利，有安吉
　　　之利。惠王曰：『何以利吾國』何以知不欲安吉之利？而孟子徑難以財貨之利
　　　也。易曰：『利見大大，利涉大川，乾元亨利貞。』尚書曰：『黎民亦尚有利
　　　哉！』皆安吉之利也。行仁義得安吉之利，孟子不宜語問惠王『何謂利吾國。』
　　　惠王言財貨之利乃可答。」王充：劉盼遂集解：《論衡集解》（臺北：世界書
　　　局，1975年），頁206。王充分「利」為「財貨之利」與「吉安之利」兩種，
　　　其實就是「私利」與「公利」的別稱。由王充的質疑來看，他大概以為孟子
　　　反對的是「財貨之利」，而非「安吉之利」。不過，若是由孟子性善說及「由
　　　仁義行」的脈絡來理解，「行仁義」縱然可以獲得「安吉之利」，但是因為「行
　　　仁義」不是道德行為，道德行為當是「由行義仁」；那麼，即使梁惠王問孟子
　　　的是指「安吉之利」，孟子的回覆也會是一樣的。
〔註171〕《荀子・非十二子篇》。
〔註172〕《荀子・非十二子篇》。

若能「總方略，齊言行，壹統類」，持守「禮義之統」之治道方略，則具「聖王之文章」，起「佛然平世之俗」〔註173〕。十二子的言行或事跡，雖不全能考據得出，不過由已確知的批判對象及荀學的言論，大抵可窺見其治道的理念。「魏牟，萬乘公子也，其隱巖穴也，難爲於布衣之士，雖爲至乎道，可謂有其意矣。」〔註174〕魏牟雖因於現實境遇選擇過刻苦生活，但卻心繫過去的富貴名利。《莊子》載魏牟與瞻子的問答：「中子公子牟謂瞻子。曰：『身在江湖之上，心居乎魏闕之下，奈何？』瞻子曰：『重生，重生則輕利』。中山公子牟曰：『雖知之，猶不能自勝也。』瞻子曰：『不能自勝則縱之，縱之神無惡乎？』」〔註175〕魏公子牟爲主張縱欲者，荀學據此說他是「縱情性，安姿睢，禽獸行」，視其言論不符合禮義，難成國家之治理。關於陳仲之事，《孟子》載：「仲子，齊之世家也，兄戴，蓋祿萬鍾；以兄之祿爲不義之祿而不食也，以兄之室爲不義之室而不居也，避兄離母，處於於陵。」〔註176〕《戰國策》載：「於陵仲子上不臣於王，下不治其家，中不索交諸侯。」《韓非子》載：「田仲不恃仰人而食。」史鰌則爲憤世疾俗，爲離群獨行的人，他同陳仲非過著社群的生活，荀學說他們「忍情性，綦谿利跂，苟以分異人爲高，不足以合大眾，明大分」，是就其行爲不能與群眾合，無法彰明貴賤尊卑之大分而說的。

「忍情性」與「縱情性」相對，對荀子來說，陳仲史鰌強抑情性、它囂魏牟放縱情性，皆爲「禮義之統」所不容；荀學對於合理的情性持肯定態度，「禮義之統」的目的不在成就性情的放縱，亦不在窒息任何情性的表現。自然傾向本身無善惡可言，生命整體的發展當顧及情與性的需要。《荀子》云：「飢而欲食，寒而欲煖，勞而欲息，好利而惡害，是人之所生而有也，是無待而然者也，是禹桀之所同也。」〔註177〕「夫人之情，目欲綦色，耳欲綦聲，口欲綦味，鼻欲綦臭，心欲綦佚。此五綦者，人情之所必不免也。」〔註178〕自然生命有著滿足自身情性之好利表現，此爲自然生命的普遍共通性，「禮義之統」旨在治性情，不在縱性情、窒性情。

〔註173〕《荀子・非十二子篇》。
〔註174〕《莊子・讓王篇》。
〔註175〕《莊子・讓王篇》。
〔註176〕《孟子・滕文公下篇》。
〔註177〕《荀子・非相篇》。
〔註178〕《荀子・王霸篇》。

　　相較於孟子，自然情欲的滿足爲荀學所肯定，這項肯定的落實同孔孟以合「義」爲前提、以「義」爲途徑。關於「義」與「利」的關係，荀子云：

　　義與利者，人之所兩有也。雖堯舜不能去民之欲利；然而能使其欲利不克其好義也。雖桀紂亦不能去民之好義，然而能使其好義不勝其欲利也。故義勝利者爲治世，利克義者爲亂世。〔註179〕

　　以治情則利，以爲名則榮，以群則和，以獨則足，意者其是邪！夫貴爲天子，富有天下，是人情之所同欲也；然則從人之欲，則埶不能容，物不能贍也。故先王案爲之制禮義以分之，使有貴賤之等，長幼之差，知愚能不能之分，皆使人載其事而各得其宜，然後使穀祿多少厚薄之稱，是夫群居和一之道也。〔註180〕

　　故序四時，裁萬物，兼利天下，無它故焉，得之分義也。〔註181〕

　　故無分者，人之大害也；有分者，天下之本利也；而人君者，所以管分之樞要也。〔註182〕

對於「性」的規定，荀學不同於孟子，他的規定包含著生命的官能及由之生發的自然傾向。就自然生命傾向來看，「利」與「義」兩者皆爲他的內容，皆不可去之；換言之，荀學的義利觀含括著一項命題：在成就德行、落實理想生命之時，合「義」的「利」不僅是合理的，而且「利」還是生命所不可或缺的，即便是理想生命亦若是。對於「利」的追求，荀學指出「保利棄義謂之至賊」〔註183〕，「利」的追求當不可棄「義」，必須在合「義」的情形底下方爲合理，這與儒家是一致的。

　　荀學云：「故君子苟能無以利害義，則恥辱亦無由至矣。」〔註184〕聖王制禮義以分之，使滿足自然傾向且使之合理。「辨莫大於分，分莫大於禮」〔註185〕，而禮之表現由義決定，義之決定由禮表現，禮之作用爲「分」，聖王依「禮」之「分」落實「義」以治自然傾向。就荀學的義利觀來看，他一方面不同於孟子而肯定了人之性情的合理性，在他的禮學架構中，自然傾向是被正視的；另一方面他以禮義之「分」的作用來實現「利」，這明顯也與墨家

〔註179〕《荀子‧大略篇》。
〔註180〕《荀子‧榮辱篇》。
〔註181〕《荀子‧王制篇》。
〔註182〕《荀子‧富國篇》。
〔註183〕《荀子‧修身篇》。
〔註184〕《荀子‧法行篇》。
〔註185〕《荀子‧非相篇》。

之功利思想是不同的。墨子言「交相利」，爲功利主義思想；對此，荀學有以下的批判：「不知壹天下建國家之權稱，上功用，大儉約而優差等，曾不足以容辨異，縣君臣；然而其持之有故，其言之成理，足以欺惑愚眾。是墨翟宋鈃也。」〔註186〕荀學尚禮，認爲「禮之所以正國也，譬之猶衡之於輕重也，繩之於曲直也，規矩之於方圓也，既錯之而人莫之能誣也。」〔註187〕他對於墨子不知壹天下建國家權稱的斥責，即本於對「禮」的強調而說。從荀子來看，墨子是「蔽於用而不知文」〔註188〕的，是只知「由用謂之道」〔註189〕，全然只是「功利」的考量。「禮」使「貴賤有等」〔註190〕、「長幼有差」〔註191〕、「貧富輕重」〔註192〕，墨子卻是主張「優差等」，是「有見於齊，無見於畸」〔註193〕；因而，人與人的關係遂成爲無長幼、親疏之分，是「不知文」，不識「禮義」之意義。

二、作爲落實社會倫理之禮義之統的若干現代解讀的商榷

　　荀子的義利觀有別於孟子與墨子，他不同於孟子的是他對於情性等身理、心理之自然傾向是肯認的，這與孟子以心說性而使得情性等自然傾向之欲求，變成與「義」相對的關係截然不同；他不同於墨子的是他對於「利」要求以「義」來實踐，荀子是「以義爲先」、是「以義制利」的；而墨家不是，墨家是功利主義。荀子與墨子雖皆言「義」，但是無論是在何謂「義」之形式表現上，或「義」與「利」的究竟關係上來看，兩者皆不相同。荀學在「義」的形式表現上，主張「明民使群」〔註194〕、「維齊非齊」〔註195〕；墨子則是主張無差等的平等觀。比較兩者的義利觀，兩者義利關係的內涵並非不相同。墨子明顯是功利主義的色彩，《墨子》云：

　　　　仁人之事者必務求興天下之利，除天下之害。〔註196〕

〔註186〕《荀子・非十二子篇》。
〔註187〕《荀子・王霸篇》。
〔註188〕《荀子・解蔽篇》。
〔註189〕《荀子・解蔽篇》。
〔註190〕《荀子・富國篇》。
〔註191〕《荀子・富國篇》。
〔註192〕《荀子・富國篇》。
〔註193〕《荀子・天論篇》。
〔註194〕《荀子・富國篇》。
〔註195〕《荀子・王制篇》。
〔註196〕《墨子・兼愛下篇》。

發以爲刑政，觀其中國家百姓人民之利。〔註197〕

用而不可，歲我亦將非之。且焉有善而不可用者？〔註198〕

義，利也。利，所得而喜也。害，所得而惡也。〔註199〕

墨家對於道德判斷的標準，以行爲是否可促成利益爲內涵，所謂「仁」或「不仁」指的就是能否「興天下之利」、「除天下之害」。換言之，所謂的道德是由能否有利來決定，強調以行爲促成的利益效果爲價值的評價標準。墨家說的「利」爲「天下之利」，這種以利益效果之實現與否爲道德分判的宗旨不在利己、私利，而在公利，將之施行於國家的法律層面，則表現爲「利民」的強調。墨子所謂「義，利也」，即是「以利說義」、「以利釋義」，合「義」的行爲是能促成最大的社會利益。墨家以促成最大的社會利益爲關懷，此關懷爲「仁」者之所務，所謂的「利」就是人民的需要，符合人需求的爲「利」、爲人所喜愛；反之，則爲人所惡。是以，就墨子的義利觀來看，「義」是由「利」來規定的〔註200〕；換言之，離開了「利」也就無所謂的「義」，「義」在墨家那裡，得通過「利」的解釋來理解，「義」無自身的價值，他的價值是工具性的。墨子云：「欲正，權利；惡正，權害。利之中取大，害之中取小。」〔註201〕「利之中取大，非不得已也。害之中取小，不得已也。所未有而取焉，是利之中取大也。於所既有而棄焉，是害之中取小也。」〔註202〕「害之中取

〔註197〕《墨子·非命上篇》。

〔註198〕《墨子·兼愛下篇》。

〔註199〕《墨子·經上篇》。

〔註200〕除了「義，利也」之外，對於「義」，解釋爲「志以天下爲分，而能能利之，不必用。」《墨子·經說上》李賢中對此解釋：「（義）以天下作爲自己的職分，自己的才能能夠發揮出來而有利於天下人，不必爲國君所用，就是義。」高亨則指出：「要之，〈墨辯〉對於義之觀點有五：其一、義即是利；其二、利之對象是天下；其三、義者之存心以利天下爲自己之職分；其四、義者才能做到利天下之事；其五、不必見用於世，有利天下之功，而後爲義。是以就此來看，「義」當以能利天下之事之行來把握，一個行義的人在關注其行事之踐履是否能利天下，不在是否得國君所用，故曰「不必用」。相關於李賢中的解釋，請參閱李賢中：〈墨學論用〉，刊載於《哲學與文化》（臺北：哲學與文化月刊社，2005 年 1 月），第三十一卷第一期，頁 101。高晉生對於《墨子》「義」的五點歸納，請參閱高亨：《名家六書、墨經校詮》（臺北：世界書局，1981 年），頁 36。本處引張亨的歸納，則是轉引自李賢中〈墨學論用〉一文。

〔註201〕《墨子·大取篇》。

〔註202〕《墨子·大取篇》。

小也，非取害也，取利也。」〔註203〕「義」為實現「利」的工具，評價一個行為的道德性是以能否實踐「利」為判斷。因而，當權衡某行為的道德性時，皆是就某行為能促成的效果為考量，所謂行為抉擇即在取大利，當不得不取害時，則取小害。

當代荀學研究皆注意到荀學重「功利」的一面，這些評論依著荀學重「功利」的事實來解釋荀學，在他們看來，荀學的「禮義之統」即是落實「功利」的途徑，為落實「功利」的工具。例如，牟宗三評論「荀子惟是從對治上著眼。一面剌出去為被治，一面造出來為能治，人造能治者，正所以治被治，則能治者之功用全在相對而見。相對而見，則能治之禮義法度亦唯是工具之價值，而無內在之價值。此則終不免于功利之窠臼。」〔註204〕周群振以為「其（荀子）心思徑路之純為經驗感性的運作，藐無對於超越的形上精神實體之大用的體會。因此，他的所知所見，便全膠著於現實可感的層面，對任何的人間活動以及自然物事，只問其有無俾益現實情境的成果或效驗。嚴格地說，這原與一般所謂實用主義，功利主義者的心態，沒有兩樣……」〔註205〕這些針對荀學重「功利」的評論，雖然有強有弱，有的說荀學「不免於功利之窠臼」，有的則論斷他與功利主義沒有兩樣；但他們皆共同以為荀學「禮義之統」是落實「功利」的工具，「禮義之統」實無獨立價值可言。〔註206〕

說「禮義」為落實「功利」的途徑是可以的，但是釋荀學將「禮義」工具化的評論，或評斷荀學同墨家一樣為功利主義的說法，卻有必要再行商榷。時賢會這麼理解荀學當然有著他們的原因，荀學雖然明白表示「小人」是「言無常信，行無常貞，唯利所在，無所不傾」〔註207〕，君子是「求利也略，其遠害也早，其避辱也懼，其行道理也勇」〔註208〕，以求利的態度分別君子與小人，而期人務以「利少而義多」〔註209〕為之。在義利關係上，他也確實說

〔註203〕《墨子‧大取篇》。

〔註204〕牟宗三：《名家與荀子》（臺北：臺灣學生書局，1979年），頁214～215。

〔註205〕同註22書，頁88。

〔註206〕類似的看法其實不少，如韋政通便以為：「在荀子，性情屬自然本能，故禮義不從性情出，而生於聖人之偽。其目的不在人格之完成，而在明分使群。在這途徑中，治道不落在聖德之功化上說，而惟是就禮義之效用言。」關於韋政通的評論，請參閱同註29書，頁86～87。

〔註207〕《荀子‧不苟篇》。

〔註208〕《荀子‧修身篇》。

〔註209〕《荀子‧修身篇》。

「保利棄義謂之至賊」,「故君子能無以利害義,則恥辱亦無由至矣」,強調「以義制利」。但是他也亦有一些言論是強調功利的,例如荀子云:「故人莫貴乎生,莫樂乎安;所以養生安樂者,莫大乎禮義。」〔註210〕又說「吾所謂仁義者,大便之便也」〔註211〕,「仁義」是便利天下人之長久之利。在談及為君之道時,他則說「不利而利之,不如利而後利之之利也。不愛而用之,不如愛而後用之之功也。利而後利之,不如利而不利者之利也。愛而後用之,不如愛而不用者之功也。利而不利也,愛而不用也者,取天下者也。」〔註212〕就這些言論來看,「禮義」當是落實社會公利的工具,而君王則能因施行禮義而取得天下。進一步地看,除了重功利,在論及權衡行為抉擇的標準時,《荀子》則說:

> 欲惡取舍之權:見其可欲也,則必前後慮其可惡也者;見其可利也,則必前後慮其可害者也;而兼權之,熟計之,然後定其欲惡取舍。〔註213〕

這似乎是與墨家「欲正,權利;惡正,權害。利之中取大,害之中取小」的權衡標準一樣,這也難免使得時賢會將荀子的義利觀解讀成同墨家為功利主義的立場,如陳超群便認為「荀子『通者常制人』使得『義』通向制人之利,是功利論傾向者。先義而後利,本是儒家的傳統思想,是從反功利主義出發的,但經過荀子連鎖推理的論證,卻引出了先義則制人,先利則制於人的結論,這在實質上又轉回到功利主義的立場。」〔註214〕的確,《荀子》全書對於「禮義」有著大量與功利相連結的論述,他也確實有將「禮」視為「功利」落實之途的意思;但是,這並不意味他就得是「功利論」、是「功利主義」。論者以為對於這項問題的釐清,還必須將天人究竟的關係及目的與德行的關係納進來考慮後,才能清楚得到理解。

首先要說明的是荀學雖重功利,但是這並不就是他所有的關懷。就個體的生命來說,他發展的方向不僅在情性上需要的滿足,更重要的還在德行生命的實現,自然傾向之情性之需要的滿足必須以立於後者為前提,若只顧前

〔註210〕《荀子·疆國篇》。
〔註211〕《荀子·議兵篇》。
〔註212〕《荀子·富國篇》。
〔註213〕《荀子·不苟篇》。
〔註214〕陳超群的說法,出自其作《中國教育哲學史》(濟南:山東教育出版社,2000年),頁103。此處是轉引自同註168書,頁245。

者的發展而戕害了後者的實現，是不義的。牟宗三評論荀學時說到：「禮義法度皆由人爲，返而治諸天，氣質人欲皆天也。彼所見於天者惟是此，故禮義法度無處安頓，只好歸之於人爲。」〔註215〕若按牟宗三的理解，將荀學自然生命與天關係解讀爲「氣質人欲皆天」、「天者惟是此」；那麼，「天」就只是生命之自然傾向及其生發之欲的來源，不具有任何的道德性，具有的僅是自然之義，爲自然之天。若順著牟宗三的理解來看《荀子》「道者，非天之道，非地之道，人之所以道也，君子之所道也」〔註216〕與「禮者，人道之極也」〔註217〕這兩段話，也就自然容易會將荀學說的「禮義」解釋成僅有工具的價值，而無內在的價值：這是因爲由於「天」只是自然天，那麼所謂的「道」，就應當被限制理解成只是「人之道」，而此「人之道」由「禮義」來落實，實施「禮義」的意義就變成爲滿足自然傾向及其生發之欲的工具。

　　在此番理解底下，荀學的「禮義」遂脫離了儒家以人道爲天道之落實的根本關懷。荀學是將「禮義」之施行從原本以「天」之道德義爲基點的儒學傳統轉換爲以滿足生命生存之需要爲基點，基點的轉換使得「禮義」不再具有內在價值，而僅剩有獲得外在效益之工具性價值；說穿了，「禮義」只不過是規範、調節人之社會活動的形式化規則，純然是一種基於落實功利之理性計算的產物。牟宗三的理解，是有待商榷的。誠如上文所述，荀學言「天德」，「天」並非爲自然之天，他除了有其自然之規律外，同孔孟一樣是有價值的，是一道德之天。荀學之所以提出「人之道」、「人道之極」，並以「禮義」彰明「人道之極」，他並非用意在割斷天人之間的道德關連；關於這一點，前文已指出無論在荀學智德思想所顯示的聖人落實天之則於人事之知天觀或在他能體「常道」、知「大理」，曉「超越義」之「禮」來看，「禮」是具有「超越義」，「天」具有道德義，而「禮」的根本爲「天」，本身即具有內在價值。荀學所以說「人之道」、而不說「天之道」，爲的是凸顯人參天地之精神，非意在取消天的道德義；畢竟天道只是客觀存在於天地之間，而人是自由的，人參天地還得由人來做，由人來弘充天道下貫於人事以成就人道。

　　荀學在牟宗三的理解底下，自然無法得到肯定的評價；雖然，當代另有肯定荀學此番滿足人生存之需求的說法，儲昭華指出「作爲價值的禮義既是

〔註215〕同註204書，頁214。
〔註216〕《荀子・儒效篇》。
〔註217〕《荀子・禮論篇》。

人的生存需求的工具，源于人的自然本性，又通過本性特別是作爲一種理性能力的心與天（道）關聯起來，由此也實現了從天（然）到人爲、從性惡到善「僞」的根本轉化。」〔註218〕「荀子的禮論恰恰是其人性論推演的必然結論；既然人性的自然欲求是客觀的、天道的體現，作爲合理的、正當的需要，應該得到滿足；而社會的物質財富又不可能充分滿足人的無邊無際的欲望，正因爲如此，道德才是不可缺位的，這才是道德的眞正意義所在。這樣，荀子經過一個曲折和過度，而從更深的層次上更堅實地奠定了道德的基礎。」〔註219〕其實，這種肯定只是注意到荀學以「禮義」滿足人生存之需要的一面，同车宗三一樣不識荀學天人之間的道德關係。若從儲昭華將天道的體現解讀成是人性之自然欲求的滿足，將「禮義」釋爲人之生存需要之工具的說法看荀學，那麼荀學對理想生命之德行陶成的強調，便得不到合理的解釋，但是荀學對他明確是強調的；甚至，他還優先於對於生存需要的滿足。

「參天地」是指人弘充天道於人事之貫徹以成就人道的實踐，一方面在滿足人生存之需要，一方面還在成就內在德行的理想生命。荀學確實指出「禮義」起於「人生而有欲」，爲了「以養人之欲」、「給人之求」而制「禮義」，「禮義」可以「使欲必不窮於物，物必不屈於欲」、使欲與物「兩者相持而長。」〔註220〕但荀學卻也有說聖人是「樂樂兮其執道不殆也」〔註221〕，始終不解地持守著大道，猶如石頭般堅固。荀學云：「君子役物，小人役於物。」〔註222〕對於能「役物」的生命，他描述：

> 心平愉，則色不及傭而可以養目，聲不及傭而可以養耳，蔬食菜羹而可以養口，麤布之衣，麤紃之履、而可以養體。局室蘆簾藁蓐尚机筵而可以養形。故雖無萬物之美而可以養樂，無執列之位而可以養名。如是而加天下焉，其爲天下多，其私樂少矣，夫是之謂重己役物。〔註223〕

〔註218〕儲照華：《明分之道──從荀子看儒家文化與民主政道融通的可能性》（北京：商務印書館，2005年），頁271。
〔註219〕同註218書，頁271。
〔註220〕《荀子‧禮論篇》。
〔註221〕《荀子‧儒效篇》李滌生注曰：「『樂樂』、猶『落落』，石貌。老子曰：『落落如石』。以其執道不殆，故以石形容之。」關於李滌生的注解，請參閱同註15書，頁142。
〔註222〕《荀子‧修身篇》。
〔註223〕《荀子‧正名篇》。

可見，自然傾向之生存需要的滿足相較生命內在之精神境界，只是次要的。「心乎愉」描述的正是由德行陶成完成之理想生命的精神境界，爲體道者內心所呈之象，體道者之生命具有德行，荀子說「聖者之思也樂」〔註224〕，其思慮自然而然地與天道通，是無所不適的。就此來看，荀學不同於孟子，打開了重視生命之自然傾向的關注；不過，他卻未因此讓生命滑落成爲只是注意這方面的滿足，他仍然力守著孔孟重視道德生命之一面。荀子云：「孔子曰：『君子其未得也，則樂其意，既已得之，又樂其治。是以有終生之樂，無一日之憂。小人者其未得也，則憂不得；既已得之，又恐失之。是以有終身之憂，無一日之樂也。』」〔註225〕君子「是以有終生之樂，無一日之憂」，「君子役物」，足見荀學對於理想生命之內在德行所體現的精神境界，也是看重的，在他的思想中明顯肯認「孔顏之樂」的德行生命。

當代不乏有學者注意到此點，楊國榮指出：「盡管荀子並沒有像後來的正統儒學那樣，對人的感性欲望和物質需要加以貶抑，而是採取了較爲寬容的原則，但理性精神的昇華顯然被置于更爲主導的地位。」〔註226〕不過，他還指出：「如前文所論，道德本質上具有二重性：它既有功利的基礎及外在價值（作爲手段的善），又有其超越功利的內在價值。荀子注意到義並非抽象的律令，相對于孔孟過分強調義的超功利性，無疑有其不可低估的理論意義，然而由此而將義工具化，則又趨向于另一片面。從總體上看，荀子固然並不完全否認義的內在價值，但在他那裡，道德的工具性，畢竟似乎壓倒了其超越性；較之孔孟，荀子對道德的超功利性與崇高性，未免有所弱化。」〔註227〕在楊國榮來看，荀學一方面將義做爲獲得利的工具，一方面亦強調理性精神的昇華。楊國榮的評論是相當有見地的，他看見了荀學亦重視提升生命內在精神的事實；不過可惜的是，他到底還是以爲荀學這種「不完全否認義的內在價值」的一面是被「道德的工具性」所「壓倒」。〔註228〕

〔註224〕《荀子‧解蔽篇》。
〔註225〕《荀子‧子道篇》。
〔註226〕楊國榮：《善的歷程——儒家價值體系研究》（上海：上海人民出版社，2006年），頁89。
〔註227〕同註226書，頁88。
〔註228〕楊國榮的評論，仍然是將荀學對「義」的強調看做是在求「根本、恒久之利」。楊國榮指出：「在荀子那裡，以義制利的著重點並不僅僅在于強調道德原則的至上性。對荀子來說，義本質上代表了一種更爲根本、恒久的利，以義制利意味著通過義的調節，以實現根本、恒久之利。這樣，以義制利與唯利是求

　　如果說荀學的「義」其實也是一種「利」，那麼根本上來談，荀學對於「義」的實踐，說穿了也只爲著「利」，差別只在他是爲著「公利」，是爲著整體的公眾利益、長遠利益，而非「私利」；以這種方式理解荀學，「義」也就滑落出道德的內在價值，而宣稱「義」具有道德價值，也只是因著他具有實現公眾長遠利益的角度而獲得肯定，這是「以利說義」、「以利釋義」，「義」僅具有工具性的價值。是以，若荀學眞是「以利說義」、「以利釋義」、「以利制義」的話，稱他是功利主義，實不爲過。但是，道德之內在價值與道德爲實踐公利之工具兩者，皆是荀學所肯認；無論是那些視荀學將道德當作僅具工具價值（如牟宗三、周群振、蔡仁厚、陳超群）者，亦或是肯定地以爲荀學這工具價值之道德爲天道之落實者（如儲昭華），或所謂荀學是兼顧道德的內在價值與工具角色，卻終究以「壓倒說」來釋荀學（如楊國榮）的看法，皆無法全盡荀學的義利觀。楊國榮解讀荀學一方面將義工具化，一方面仍具有內在價值的見解，雖貼近荀學義利觀的實際內涵，但卻他終未能眞正識得荀學給予道德之內在價值與工具價值之雙重性的究竟意義，因而滑落成爲「壓倒說」。事實上，荀學是重視道德內在價值的，他甚至要比道德的工具價值來得優先，而兩者之間的究竟關係正是評斷荀學義利觀的重要線索。

　　荀學對道德之工具性價值的肯定並非取消他對於道德之內在價值的強調，道德具內在及工具之雙重性價值，兩者之間的關係爲統一，而非矛盾。理想生命的實現包含有內在德行的養成以及自然生命之自然傾向的滿足；其中，以內在德行的養成爲主要，而自然傾向的滿足，並無他方，亦是以前者爲落實之途。荀學的義利觀是以「以義取利」的，理想生命的完成即是將天道於人事之人道落實的完成。由荀學對於「義」、「埶」、「辱」、「榮」四者關係討論，可知其義利觀：

> 是有兩端矣。有義榮者，有埶榮者；有義辱者，有埶辱者。志意脩，德行厚，知慮明，是榮之由中出者也，夫是之謂義榮。爵列尊，貢祿厚，形埶勝，上爲天子諸侯，下爲卿相士大夫，是榮之從外至者也，夫是之謂埶榮。流淫汙僈，犯分亂理，驕暴貪利，是辱之由中出者也，夫是之謂義辱。詈侮捽搏，捶笞臏腳，斬斷枯磔，藉靡后

之對立，便同時表現爲注重根本恒久之利與追逐一時之利的區分，而君子與小人之別，首先也體現于此：『君子道其常而小人計其功。』（天論）將「君子道其常」以釋義爲根本之利、恒常之利來理解，那麼君子的道德活動也就成爲只是爲利而行的活動。請參閱同註 226 書，頁 87。

縛，是辱之由外至者也，夫是之謂埶辱。是榮辱之兩端也。故君子
可以有埶辱，而不可以有義辱；小人可以有埶榮，而不可以有義榮。
有埶辱無害爲堯，有埶榮無害爲桀。義榮埶榮，唯君子然後兼有之；
義辱埶辱，唯小人然後兼有之。〔註229〕

榮辱之大分，安危利害之常體：先義而後利者榮，先利而後義者辱；
榮者常通，辱者常窮；通者常制人，窮者常制於人：是榮辱之大分
也。」〔註230〕

所謂的「榮」與「辱」，可就他們來源自「義」或「埶」，而有「義榮」、「義
辱」、「埶榮」、「埶辱」四者之分。所謂的「義榮」與「義辱」是由自身修行
是否有德或無德而規定之，而「埶榮」或「埶辱」則是由外在之權勢加於自
身之遭遇的情形來規定的。「君子可以有埶辱，而不可以有義辱；小人可以有
埶榮，而不可以有義榮。」君子雖有「埶辱」，然「埶辱」無害其有「義辱」；
小人雖有「埶榮」，然「埶榮」無益其有「義榮」。荀子云：「好榮惡辱，好利
惡害，是君子小人之所同也；若其所以求之之道則異矣。」〔註231〕爲荀學而
言，內在德行品成的養成是首要的，人皆有「好榮惡辱」、「好利惡害」之情，
然得「埶榮」、避「埶榮」的關鍵還在生命是否內在陶成有德行。君子兼有「義
榮」與「埶榮」，小人兼有「義辱」與「埶辱」，君子與小人區別在是否具有
德行，荀學將「義榮」與「埶榮」、「義辱」與「埶辱」，做了因果性的連結。
是以，就此因果性的關係來看，君子雖遭致「埶辱」、小人雖得有「埶榮」，
皆只是暫時性的。眞正的「榮」是先義而後利，先利而後義的是「辱」，「義
榮」者內在具德，持德而行，可常通；反之，「義辱」者，常窮。

荀子云：「離道而內自擇，則不知福禍之所託。」〔註232〕福或禍與是否
有德有著因果的連結，有德者自有福；反之者則有禍。君子之所以能兼具「義
榮」與「埶榮」，小人所以兼具「義辱」與「埶榮」，可由「德」與「福」的
因果關係來說明：

物類之起，必有所始。榮辱之來，必象其德。肉腐出蟲；魚枯生蠹。
怠慢忘身，禍災乃作。強自取柱，柔自取束。邪穢在身，怨之所構。
施薪若一，火就燥也；平地若一，水就溼也。草木疇生，禽獸群焉，

〔註229〕《荀子・正論篇》。
〔註230〕《荀子・榮辱篇》。
〔註231〕《荀子・榮辱篇》。
〔註232〕《荀子・解蔽篇》。

　　物各從其類也。是故質的張而弓矢至焉；林木茂而斧斤至焉；樹成陰而眾鳥息焉。醯酸而蚋聚焉。故言有招禍也，行有招辱也。〔註233〕

　　詩曰：「嗟爾君子，無恒安息。靖共爾位，好是正直，神之聽之，介爾景福。」〔註234〕

　　順其類者謂之福，逆其類者謂之禍，夫是之謂天政。〔註235〕

「肉腐出蟲」、「魚枯生蠹」、「施薪若一，火就燥也」、「平地若一，水就溼也」、「草木疇生，禽獸群焉」等例皆顯自然事物具有因果性。誠如上文所述，「類」在荀學思想裡同時被運用在實然與應然的認識上。在實然的認識方面來看，荀子說「物類之起，必有所始」、「物各從其類也」，視眼前之現象必有其發生之因由，將發生先後不同之自然事件予以因果性之解釋，而此因果性之解釋不僅適用於自然現象的說明上，在人事活動中的「德」與「福」關係亦可以用之予以說明。荀子說「榮辱之來，必象其德」、「怠慢忘身，禍災乃作」、「言有招禍也，行有招辱也」。他將「德」與「福」做因果性解釋，生命自身之榮辱必類於自身德行，自身之行若邪惡污穢，將自然招禍；是以，君子若能安靜、恭守其位、好正直之道以行，則自然得有大福。「天」具道德義、目的性，落實於人事活動之人道即天道的表現，能參天地、具「天道」之生命，其行事活動依其自身內在德行而發，自然有「福」。

　　是以，承如上文所述，荀學雖言道德之工具性價值；但是，他並未因道德的工具性價值而取消了道德的內在價值。荀子對於道德之內在價值的肯定並非來自於他的工具性價值，而在於與「天德」同。「德」與「福」的發生關係在荀學來看，本有著因果之必然性。荀學的義利觀仍是「以義取利」的；是以，那些貌似「以利說義」、「以利釋義」、「以利制義」的話頭，不過是在「德」與「福」之因果必然關係底下，就「踐德有福」、「踐義有利」的側面而說的，並非同時賢釋他為以功利計算的立場來論義的。時賢固然可以將荀學的「義」釋作為獲得「利」的手段；但是就「德」與「福」的究竟關係來看，「義」本就是「天道」的落實，人若能順之而行，則自然有「福」、自然得「利」，「義」本身自有其內在價值。

〔註233〕《荀子・勸學篇》。
〔註234〕《荀子・勸學篇》。
〔註235〕《荀子・天論篇》。

第四章　荀子智德思想於倫理實踐上的啓示、意義與侷限

　　「德」向來是儒家思想的核心概念，荀學亦是。荀學倡「智德」，藉由「智德」的陶鑄成就「內聖」，並以「智德」完成「外王」、建構倫理社會。具「智德」者之活動表現並非是任意的、權威的，而是秉持天道並兼顧客觀環境、歷史條件等變動性因素所展現出基於參天地之目的的明智取捨態度。當代的荀學研究雖嘗留意荀學的主智精神，但可惜的是，在傳統以來以孟學爲儒學正宗的詮釋路線籠罩下，荀學智德思想自然難以獲得眞正的認識。縱觀時賢對於荀學的種種評價，大抵是基於荀學性惡與孟學性善對觀下而做的詮釋，這些評論認爲荀學雖言「仁」、「義」諸德，但他的系統性思想終是以「禮」爲核心，荀學並沒有成就內聖道德生命的關懷，固然稱一個人有德，也不過是就他合乎整個由「禮」建築成的倫理秩序下而說的。正如韋政通以爲荀學「所謂仁，所謂德，都是以禮義爲標準來說的。」〔註1〕「荀子的治道，以禮義爲本。禮義並不本於德性，禮義就是治道的最後根據。」〔註2〕「落在治道之用上說，他（荀子）的目的，亦不在使人各歸自己，各正性命，成爲一道德的存在；而只是要人落在差等之分位中，成爲一禮義的存在。」〔註3〕荀學重德的事實，在「禮義一元論」的解讀下，其眞實意義便隱匿而顯透不出

〔註1〕 韋政通：《荀子與古代哲學》（臺北：臺灣商務印書館，1997年），頁91。
〔註2〕 同註1書，頁90。
〔註3〕 同註1書，頁92。

來，舉凡如「禮義之統」之教化義、德行之陶成與成就理想生命的關係、踐履天道於人事、生命目的之實現與德行的關係等種種論題之眞實意涵亦無法透顯。

事實上，荀學對於德行是極爲重視的，時賢因荀學說「性惡」，解釋荀學視「性」爲自然生命，遂同傳統以孟子「性善」的視域理解荀學一樣，認爲有德的生命無法由自然生命開展出來。他們力求回復孟子的心性之學，強調理想生命須由「本心」擴充而成，不識荀學以溫和主智立場爲成就理想生命之進路的可能性。「內聖外王」爲儒者一項共同關懷，荀學對於德行首重「智德」，藉由「智德」者制禮連結內聖與外王，不過「智德」的陶成並非依循孟子擴充「本心」的路線而說，而是由自然生命向善之自然傾向發展爲穩定之品格而成。由倫理學的類別來看，荀學可稱作是德行論型態，他重德、重智德及由之開展出的思想系統與西方亞里斯多德有許多相似之處。德行論在當代倫理學家反省義務論（Denotology）及效益主義（Utilitarianism）不足之際，已獲得各方的注意與討論。西方德行論有著悠久的發展歷史，亞氏爲西方德行論傳統的先驅，他亦強調「智德」；是以，將荀學通過與亞氏德行論思想的對照，更可彰顯其智德思想在倫理實踐上的啓示、意義與侷限。就此，本章擬分以兩節進行論述：一、德行爲關乎倫理實踐、生命目的之實現的品格；二、荀學智德思想與亞里斯多德理智德行的差異。

第一節　德行爲關乎倫理實踐、生命目的之實現的品格

德行倫理學（Virtue Ethics）認爲倫理實踐的關鍵在於行爲者自身是否具有良好穩定的品德，具有德行之人在實踐上的表現是無太過或不及，是無不適中的，並且他們還認爲德行與人生目的的實現有著密切關係。荀子倫理思想著重內聖之德的養成，時人嘗論斷荀學爲功利主義，但是就他關於德行的言論來與德行論的強調進行對照，他實爲德行論型態。荀學所言的德行是關乎倫理實踐、生命目的之實現的關鍵因素；在諸德之中，又以源自人本有之知能經教化陶成而成的智德爲首要。亞里斯多德爲西方德行論傳統的先驅，論者擬就此與荀學進行比較，以凸顯荀學德行論的特色。就此，本節將分兩次進行論述：一、亞里斯多德之德行劃分、內涵、表現及其與目的的關係；二、荀學智德思想爲一種德行論型態。

一、亞里斯多德之德行劃分、內涵、表現及其與目的的關係

　　爲德行論而言，西方效益主義與義務論倫理學著重於關於道德義務之形式規定的探究；相較而言，德行倫理學對於倫理實踐的思考不同於前兩者，它在致力說明人應該成爲一個具有何種品格的人、生命目的及兩者之間的究竟關係。當代德行論學者丹尼爾‧史塔門（Daniel Statman）提出包括義務論和效益主義在內之當代倫理學的四項困難，其中一項指出，他們著力於建立道德原理的嘗試皆是失敗的，倫理學理論建構目的在爲行爲實踐提供一項標準，但無論是效益主義亦或是義務論皆無法爲人類的行爲實踐提供眞正有效的指引。丹尼爾‧史塔門指出道德情境中夾雜價值衝突，道德原則是無法解決的，而或許會再訴諸更高的原則，但是道德原則過於抽象、模糊，無法爲行爲抉擇提供任何實質幫助。丹尼爾‧史塔門以爲如果道德原理不足以指引人類的行爲、無法以簡單方式「應用」於具體的特殊情境；那麼，影響日常生活的道德抉擇必定還有其他的因素。對於德行倫理學來說，影響道德抉擇的因素爲「品格」。〔註4〕

　　此外，麥金太爾還另外從「目的」於倫理實踐的意義來對義務論與效益論提出質疑。他指出倫理學是一門使人們懂得如何從前一種狀態轉化到後一種狀態的科學。倫理學必須以三個前提爲出發：（一）對人的潛能與行動的說明；（二）對於一個有理性動物之本質的解釋；（三）對於人的目的的闡述。麥金太爾以爲一套完整的倫理學是由「未教化的人性概念」、「合理倫理戒律

〔註4〕丹爾尼‧史塔門指出包括義務論與效益主義在內的現代倫理學的四項困難，分別是：（一）道德義務的困難；（二）道德運氣的弔詭（the paradox of moral luck）；（三）人我的不對稱性（self-other asymmetry）；（四）嘗試建立道德原理的失敗。丹尼爾‧史塔門將現代西方倫理學區分成兩種類型：（一）德行倫理學（ethics of virtue）；（二）非德行倫理學（non-virute ethics）。非德行倫理學將義務論與效益主義歸爲一類，邊沁（Jeremy Bentham）與彌爾（J. S. Mill）爲代表的效益主義與康德（Kant）代表的義務論，理論內容雖然不相同，但是兩者理論皆是以「道德之義務性」作爲理論的核心。他們皆一致以爲道德是人類的義務，某項符合道德原則的行爲，在倫理實踐上便是一項應當去行使的義務行爲。請參閱 Daniel Stattman ed., *Virtue Ethics-A Critical Reader*, Edinburgh: Edingurgh University Press, 1997, p. 3~7. 此外，關於丹尼爾‧史塔門的論點國內學者黃藿嘗詳細介紹。請參閱黃藿：〈德行倫理學的復興與當代道德教育〉，刊載於《社會文化學報》（中壢：國立中央大學通識教育中心，1999 年 12 月），第九期，頁 3～5。效益主義與義務論便是在此共同立場上說明何爲合乎道德的行爲，進而爲道德尋找理論上的原則，以提供爲人類倫理實踐之行爲標準。

的概念」、「認識到自身眞實目的後可能形成的人的概念」三種因素構成，任何一種因素都必須參照另外兩種因素才能得到正確的理解。因此相較來說，爲道德進行合理性論證的嘗試，所以失敗，是因爲他們拒絕任何認爲人具有限定其眞實目的之本質的觀點、否定了人性之目的的觀點，使得道德體系只能剩下由其他兩種因素構成，且兩者之間關係非常模糊不清的道德體系。各項德行的陶成與各項惡行的禁絕，原本旨在指導、更正「偶然成爲的人性」以朝向「認識到自身眞實目的後可能形成的人」，這三者原是透過其他兩者得到認識。但是在取消了有關以「目的」之說明作爲道德論證之背景，而陶成德行、禁絕惡行的戒律卻又未能由未受教化之人性推演出來的情形下；是以，啓蒙運動以來爲道德進行合理論證的嘗試，皆註定爲失敗的。〔註5〕

就德行論立場來看，道德原理的建立並非一項成就倫理實踐的關鍵，由於在現實中行爲實踐所面對的情境是複雜的；是以，一項倫理實踐的落實根本的關鍵在於行爲者自身具有什麼樣品格，而「德行」（virute）是這種關乎倫理實踐成就的品格。此外，「德行」的擁有與人的「目的」有著密切關係，不過它並不是與生俱有的，它必須經由後天的陶成。亞里斯多德說：「幸福爲一種靈魂遵循完美德行的實現活動」〔註6〕，「幸福」爲人生的目的，從「目的」與「手段」的關係分析而論，「德行」爲實現「幸福」的手段；不過由「幸福」爲一種「實現活動」（*energeia* / actualization, activity）〔註7〕，爲一種「遵循

〔註 5〕 Alasdair MacIntyre, *After Virtue*, Indiana: University of Notre Dame, 1984, p. 41~50.

〔註 6〕 Aristotle, *Nicomachean Ethics*, I.13, translated and edited by Roger Crisp, New York: Cambridge University, 2000, 1102a7-8, p. 20.

〔註 7〕 Terence Irwin 指出 engergeia 意指 activity（活動、行動）以及 actualization（實現、完成）；就此，論者以中文「實現活動」譯之。「實現活動」與「變動」（kinēsis）具有之移動（movement）、改變（change）、歷程（process）、變動（fluctuation）的意思不同。關於 engergeia 與 kinēsis 字義的說明，請參閱 Aristotle, *Nicomachean Ethics*, translated by Terence Irwin, Indianapolics: Hackett Publishing Company, 1985, p. 385~386, 416。之所以說「德行」的實踐其實就是「幸福」，是根據「實現活動」的內涵。J. O. Urmson 嘗就「狀態」、「時間」、「完整」、「目的」四個側面說明比較「實現活動」與「變動」的區別，在就「目的」側面上的比較方面來說，「實現活動」的目的即爲其自身，而「變動」的目的不在自身，其目的是在自身之外。關於此方面的比較，請參閱 J. O. Urmson, *Aristotle's Ethics*, New York: Basil Blackwell, 1988, p. 99。是以，「幸福」即爲人的目的，爲一種「遵循完美德行的實現活動」，那麼「德行」固然可以說是實現「幸福」的手段，但是他本身的實踐其實也就是「幸福」。

德行的實現活動」來看，那麼「德行」的實踐其實本身也就是「幸福」，「德行」爲實現「幸福」的「組構式手段」（the constituent means）〔註8〕。從亞里斯多德對「幸福」所下的定義來看，德行生活的實踐與其說是達致「幸福」的手段；其實更好的來說，「幸福」的生活即實現於德行生活的實踐當中。

是以，「德行」是一種關乎「幸福」實現的重要品格。亞里斯多德以爲「德行」不爲情欲、不爲官能，而是一種品格，情欲與官能乃是先天具有的東西，不可改變，而品格則是由後天習慣養成。亞里斯多德將德行區分成倫理德行（moral virtue）與理智德行（intellectual virtue）兩種。就倫理實踐的現象來說，沒有人的一生是完全道德、或完全不道德的；人類皆潛在地具有實踐道德的潛能，爲倫理德行所以可能的原因。眞正具有倫理德行的人，在某一情境底下，無論是他面對情境時所生發之情緒、爲回應情緒而有的行爲抉擇以及他所表現出的具體行動，皆是具有「德行」的。具「德行」者之表現爲「中庸」（*mesotēs*）〔註9〕亞里斯多德指出：「中道在過度與不及之間，在兩種惡事之間。在感受和行爲中都有不及和超越應用的限度，德行則尋求和選取中間。」〔註10〕「中庸」意指適當、恰當之意。在亞里斯多德倫理學思想中，「中庸」同時是符合德行之倫理實踐的原則與內容。就原則來說，「德行」的陶成是依「中庸」爲原則來進行培養；就德行的表現來說，「中庸」爲具倫理德行者之表現。要言之，倫理德行是一種將「中庸」作爲進行抉擇、表現情緒和行爲活動之原則，並表現出「中庸」的穩定品格狀態。

自然德行（nature virtue）與倫理德行有著密切關係，前者相較於後者來

〔註8〕黃萱指出「手段」與「目的」這兩個語詞皆具歧義性，可具有兩種不同意義。就目的來說：（一）指某種行動的結果；（二）指行動本身，如爲運動而運動，運動的目的就處於運動活動自身當中。同樣地，就手段來說：（一）「造生性的手段」（the productive means）；（二）「組構式手段」（the constituent means）。前者如服用一顆頭疼藥，然後頭痛得以消失，服用頭疼藥便是使頭疼消失的造生性手段。後者則如穿著西裝使衣著得體不失禮，穿西裝是衣著得體的組構式手段。「手段」與「目的」的關係因著他們具有的歧義性用法，而可區分兩種類型：（一）爲手段與目的分離，在此手段與目的彼此並不相同；（二）目的與手段乃是一而二、二而一，不可分的。就此種情況而言，穿著西裝與衣著得體根本就是同一回事。關於「手段」與「目的」彼此之關係型態的區分，請參閱黃萱，《理性、德行與幸福──亞理斯多德倫理學研究》，1996年，頁46～48。
〔註9〕「中庸」（*mesotēs*）一詞具有「居中」、「適中」、「中間性」的意思。
〔註10〕*NE*. II.6, 1107a3-6, p. 31.

說，他是一種貌似倫理德行的品格，但不是真正的倫理德行；後者的陶成乃是立之於前者為基礎，欲將自然德行陶成為真正的倫理德行，關鍵在「智德」，亞氏指出：

> 正如智德與聰明相關，雖然兩者不同，但卻相似，自然德行與真正德行（倫理德行）的關係也是這樣。大家都認為每一種品格狀態的呈現多少是天生的，不論是公正、節制、勇敢以及其它的品格都是與生俱來的。不過我們還要另外來探索，真正嚴格意義下的善，以及以其它方式呈現的自然品格狀態。兒童和野獸都具有些自然品格，由於沒有理智所以表現為有害的。……如若一個人有了理智，在他的行動中就大不一樣了，在先前只是類似德行的氣質，如今就成為真正的德行。正如在意見方面有兩種德行，聰明和智德，在品格方面也有兩種，即自然德行和真正德行。在這裡沒有智德，真正德行就無法生成。〔註11〕

「智德」為一種「理智德行」，同倫理德行所以可能在於自然德行一樣，他所以可能在於「聰明」，「聰明」為理性官能對於一項目的之實現所需要的手段能夠掌握的品格；「智德」與「聰明」的區分在於，具「智德」者所知的是如何達致至善之目的的手段，而所謂「聰明」者則是涉及所有目的之手段的掌握，一個單只具有聰明的人，雖具掌握目的之手段的能力，但是其行為未必符合德行。「智德」的陶成源自於「聰明」，具「智德」的人是「善於深慮的人」〔註12〕，「智德」是「關於人的善與惡的真正以理性而實踐的品格。」〔註13〕人類具有「理性」官能，為人類特有的本質，是人類具有的所有官能之中最高的一種，他具有「思辨」與「實踐」的能力。若將「理性」的能力陶成為「智德」，則一位具有「智德」的人，不僅在某一特定的情境中表現出倫理德行，他在任何倫理實踐中皆表現出倫理德行。

二、荀學智德思想是為一種德行論型態

當代德行倫理學有以下幾項特徵：（一）道德的踐履，關鍵在於踐履者自身是否具有良好的德行；（二）對於道德的討論，必須將人生的「目的」放置其中，方得以理解；（三）人性結構中本有向善之意志趨向；（四）人本具有

〔註11〕 *NE.* VI.13, 1144b2-19, p. 117.
〔註12〕 *NE.* VI.5, 1140a33-34, p. 107.
〔註13〕 *NE.* VI.5, 1140b6-7, p. 107.

的所有官能中，以理性最為重要；（五）一個理想生命的陶成及其德行品格的
獲得，是後天的；（六）在所有德行之中，「智德」是作為德行實踐的核心樞
紐；（七）為德行一體論的，一項德行的真正具有，同時間也有著其它德行的
臨在，一個真正具有「智德」之人，同時是兼具有所有的德行。就此而言，
無論是「德行」的內涵，或是它與「目的」的關係，荀學和亞里斯多德皆有
著的一致性。為荀子而言，他雖然沒有將「德行」區分成「倫理德行」與「理
智德行」兩種，但是從荀學所言「智德」的表現以及他所根據的能力來看，
他和亞里斯多德一樣將其他所有倫理實踐的德行收攝於「智德」裡。他注意
到「心」為人最重要的官能，在荀學思想中，可見得他對於理性在倫理實踐
思辨上的強調。在荀子那裡，是將「心」所成就之「智德」，當作為全德，一
個能夠將「心」之知能轉為具「智德」者，他在行為的踐履上可以同時兼有
「仁」、「義」、「勇」、「節」、「合」等德行。

　　荀子指出人之所以為人，「非特以二足而無毛也，以其有辨也。」〔註14〕
荀子云：「水火有氣而無生，草木有生而無知，禽獸有知而無義；人有氣有生
有知亦且有義，故最為天下貴也。」〔註15〕從人與其他存在者的結構差異來
看，所以說人為天下之高貴者，在人有知辨之能、有道德觀念；此兩者源自
人類的「心」官能，「心」有認識之知能，人人皆有「能知」之能。「心也者，
道之工宰也」，「心生而有知，知而有異」〔註16〕，所謂「異」即為「辨」，包
括辨別黑白美醜之實然之辨與辨別是非善惡之價值之辨皆源自「心」之「知
能」作用。荀子云：「材性知能，君子小人一也」〔註17〕，「智德」是由人人
皆有的「知能」陶成而成。荀學未言「理性」，但就本研究對於荀學思想中
「心」、「知能」、「智德」三者各自的內涵與彼此關係來看，他們無疑與亞里
斯多德「理性」、「聰明」、「智德」三者的內涵是相應的。《荀子》云：

　　　聖人縱其欲，兼其情，而制焉者理矣。〔註18〕
　　　故導之以禮，養之以清，物莫之傾，則足以定是非決嫌疑矣。

　　〔註19〕

〔註14〕《荀子・非相篇》。
〔註15〕《荀子・王制篇》。
〔註16〕《荀子・解蔽篇》。
〔註17〕《荀子・榮辱篇》。
〔註18〕《荀子・解蔽篇》。
〔註19〕《荀子・解蔽篇》。

　　……故欲過之而動不及，心止之也。心之所以可中理，則欲雖多，

　　奚傷於治？……心之所可失理，則欲雖寡，奚止於亂？〔註20〕

人相較於水火、草木、禽獸等其他存在，「人有質有生有知覺並且有理性，所以為萬物之靈。」〔註21〕上列《荀子》三段引文列舉，皆出現「理」字，皆可以「理性」解之，柯雄文指出「（荀子的）『理』在功用上似乎等同於『理性』，即一般意義的合理思考能力或獲取理智知識的能力」〔註22〕，「設若荀子的興趣主要是在規範的問題而非純粹理論與思辯的問題，則理的各種用法可看成是在表明倫理論辯中所提價值主張之合理證成的必要性。」〔註23〕在荀學思想裡頭，「智德」的表現為「行禮義」，「智德」在倫理實踐中，具有認識、分析、推理與權衡的作用，為關乎正確行為或事理的明辨、抉擇與肯定的品格，他在倫理實踐中表現為一種合乎於道的深思熟慮。荀學「智德」可視作為一種關乎倫理實踐的理智德行。

　　因於儒者的豐富，「德」之內涵注入了道德的意義，且其與倫理實踐的關係亦愈得完整。「德」字雖然在古代文獻中出現甚早，但是就「德」字的古義來看，他最初的意義並非指倫理實踐之品格，「德」字原初意指的是「促使族群凝聚的神聖屬性」，能夠彰明神聖屬性者，為族群的領袖，即所謂具「大德」的人〔註24〕。「德」之倫理實踐品格之義，為歷經長期蘊育而成，他始於孔子對於「禮」之「道德精神」的賦予。子曰：「人而不仁，如禮何？人而不仁，如樂何？」〔註25〕「有德者必有言，有言者不必有德。」〔註26〕孔子重視「仁」德，目的在挽救周文疲弊的現象，也因為援入「道德」於「周文」，深化了「周文」的內涵。周文的精華固然在「禮」，且孔子說「述而不作」，但是他並不是形式地回復「禮」；他賦予「德」道德意義，視之為「禮」的根本，開始了對於品格在倫理實踐當中之角色扮演的重視。孔子奠立了儒家對於倫理實踐中的品格要求，強調道德主體的倫理實踐品格。針對此品格如何可能的問題，孟荀分就以性善與性惡立場進一步深化；荀子言性惡，他所謂的「心」，不同

〔註20〕　《荀子・正名篇》。
〔註21〕　李滌生：《荀子集解》（臺北：臺灣學生學局，2000 年），頁 181。
〔註22〕　柯雄文：《倫理論辯》（臺北：黎明文化事業公司，1990 年），頁 32。
〔註23〕　同註 22 書，頁 33。
〔註24〕　林啓屏：〈古代文獻中的「德」及其分化──以先秦儒學為討論中心〉，刊載於《清華學報》（新竹，1995 年），新三十五卷第一期，頁 106～107。
〔註25〕　《論語・八佾篇》。
〔註26〕　《論語・憲問篇》。

於孟子以性善規定的道德心性，不同於孟子以「德性心」建立道德主體以確保倫理實踐所表現的「德行」品格，而是從「心」「能知」之自然傾向之後天陶成爲「智德」來說明「德行」的可能。換另一個角度來說，荀學倡智德，他還特別於孔子，將智德的高度提高到與「仁」德一樣，某些原文可看出荀子將「智德」當成全德，他與亞里斯多德一樣將其他德行收攝在具「智德」者的實踐表現裡頭。具「智德」之人，在倫理實踐上的德行表現是兼括其他德行的。

　　具「智德」者，在倫理抉擇的考量上，他整個思慮所依循的理是始終如一的；在所面臨處境的應變上，他的「知慮足以應待萬變」〔註27〕，能夠「應變不窮」〔註28〕、「發之而當」〔註29〕，他所含括的其他德行，無時不由「行禮義」之具體行爲所彰顯。具體之禮義呈現出的特質與亞里斯多德倫理德行之「中庸」表現，兩者相同。荀子云：

> 禮者，斷長續短，損有餘益不足，達愛敬之文而滋成行義之美者也。
> 故，文飾粗惡、聲樂哭泣、恬愉憂戚，是反也，然而，禮兼而用之，
> 時舉而代御。故，文飾聲樂恬愉，所以持平奉吉也；粗衰哭泣憂戚，
> 所以持險奉凶也。故其立文飾也，不至於窕冶；其立麤惡也，不至
> 於瘠棄；其立聲樂、恬愉也，不至於流淫、惰慢；其立哭泣、哀戚
> 也，不至於隘懾傷生，是禮之中流也。〔註30〕
>
> 兩情者，人生固有端焉。若夫斷之繼之，博之淺之，益之損之，類
> 之盡之，盛之美之，使本末終始，莫不順比，足以爲萬世則，則是
> 禮也。非順孰脩爲之君子，莫之能知也。〔註31〕

「禮義」具教化功能，自然生命所以可以通過「禮」而得有漸次地陶成爲理想生命，乃因「禮義」即具智德者所制，他本是德行的具體表現。「禮」制之適中、恰當，爲荀學所強調。以歡欣與憂戚、樂聲與哭聲爲例，他們爲人性本有之自然傾向，吉事歡愉之情與凶事憂戚之情（「兩情」），在表現上易流於太過或不及，所以必須要以「禮」節之。就「禮」與「兩情」的關係來看，「禮」可爲「兩情」進行斷止、深化、增加，或續長、淺薄、減少，可類推同類情

〔註27〕《荀子・君道篇》。
〔註28〕《荀子・非相篇》。
〔註29〕《荀子・非相篇》。
〔註30〕《荀子・禮論篇》。
〔註31〕《荀子・禮論篇》。

形而盡此兩情，可隆盛以美此兩情。「禮」可「使本末終始，莫不相比」，「本」為「本始」，是指人性生而有的自然傾向，即「情」；「末」為「終末」〔註32〕，指的是由自然傾向之情所具體顯著之行，即「貌」，「禮」可使自然傾向之「兩情」及由之所顯之貌彼此能夠配合地恰到好處，可避免他們流為太過或不及。在此，以《荀子》舉服喪之例說明：

> 將由夫愚陋淫邪之人與，則彼朝死而夕忘之；然而縱之，則是曾鳥
> 獸之不若也，彼安能相與群居而無亂乎！將由夫脩飾之君子與，則
> 三年之喪，二十五月而畢，若駟之過隙，然而遂之，則是無窮也。
> 故先王聖人安為之立中制節，一使足以成文理，則舍之矣。故先王
> 聖人安為之立中制節，一使足以成文理，則舍之矣。〔註33〕

「愚陋淫邪之人」傍晚便遺忘才在早晨過世的雙親；相對而言，「脩飾之君子」，即便已三年服喪，還仍然會覺得不足；是以，喪服之禮之制訂，為的就是使臨喪之情發與服喪之活動可以適中、適當〔註34〕。荀子云：「禮者，斷長續短，損有餘益不足，達愛敬之文而滋成行義之美者也。」〔註35〕「禮」的表現為適中，可為自然傾向進行取長補短。自然傾向之情若是過多，藉之可減少；自然傾向之情若是不足，藉之可增加。「禮」使「兩情」表現適當，具智德者兼具諸德，理想生命在倫理實踐上自然行禮，他所表現的情及由情而生發的具體之貌，無太過或不及、無不適中。

上文嘗針對時人將荀學批價為功利主義的論調進行檢示，論者以為荀子雖因著自身所處時候環境之需，而有著重行為之實效的關注，但他整個對於倫理實踐的看重並非是以之為首要的；根本地來看，荀子其實是亦同於孔孟以內聖開拓外王的思維架局。荀學是重視內聖之德的養成，一個人究竟有德或無德，並非如某些當代時賢所理解的那樣，是基於行為實效的結果來賦予有德或無德的評價。對於「德行」與福禍之間的關係，荀學以為這其中有著因果性的連繫。倫理實踐有其目的，他所要實現的目的是雙重的。他所欲實現的目的若是從倫理實踐於天人的究竟關係來解讀，則目的在參天地，其精神同天地之道德，使自然生命成就為理想生命；若是從倫理實踐對於自然生

〔註32〕 對於「本末終始」，李滌生注解為「『本末』、『終始』，同義。『情』為本始，『貌』為終末。」參閱同註21書，頁439。

〔註33〕 《荀子・禮論篇》。

〔註34〕 《荀子・禮論篇》。

〔註35〕 《荀子・禮論篇》。

命之自然傾向的滿足來看，則目的在滿足心理、生理的需求。綜此而言，德行品格的養成，是達致目的的關鍵，而因果性的導入使得第二種目的眞正完成必須以第一種目的爲前提。透過「義」、「埶」、「辱」、「榮」的討論，清楚可見荀學以「義榮」做爲「勢榮」的保證，倫理實踐的品格同「天德」，爲人參與天的表現，展現人將自身自然生命投入以參予整個天地之道德目的之理想性，而福的擁有即在「踐德有福」的因果性下得到保證。

　　荀子與亞里斯多德皆對於倫理實踐，皆強調德行的重要。在他們兩人的倫理思想裡頭，無論是對於德行在倫理實踐上扮演的角色、表現、德行的陶成方式、陶成德行的之可能性、德行與目的的關係上，亦或是對於理性的重視、共同強調之智德的內涵來看，在在顯示彼此有著極高的相似性。以德行論用爲與義務論與效益論做爲區隔的強調來進行檢示，荀學之自然生命、自然生命待本有之知能轉爲智德所成就之可能之理想生命與德行自身構成的思想架構，堪可視爲德行論。

第二節　荀學智德思想與亞里斯多德理智德行的差異

　　行爲者面對的倫理情境往往是複雜的、特殊的、無前可循；是以，倫理實踐中，抉擇只能偶爾依循常例而實踐，但在某些情境中，行爲者的行爲是否恰當，就有賴於自身的實踐品格。德行論呼籲以德行取代道德形式的行爲抉擇論，強調由德行的陶成促使人在行爲實踐上表現得宜；其中，以智德倍受重視。在荀學與亞里斯多德來看，具智德者所抉擇實踐的行爲活動，是能夠兼含其他的德行。荀子與亞里斯多德皆肯定智德在倫理實踐中的重要性；不過，究竟兩人的智德思想，彼此之間有著差異，這些差異亦使得荀子與亞里斯多德皆所論及的由自然生命成就的理想生命之內涵或理想生命的倫理實踐彼此表現有著不同。因此，中西文化雖皆重視德行、強調智德，但實際上，在彼此相似的理論規模底下，有著差異性的發展。在此，本節擬以兩次進行論述：一、荀學與亞里斯多德於智德抉擇上的差異與意義；二、荀學重人事、輕理論科學之智德思想之因由與侷限。

一、荀學與亞里斯多德智德於智者抉擇上的差異與意義

　　荀學與亞里斯多德在智德之倫理實踐的抉擇表現上，皆求行爲之適度、合宜；不過兩者在智德抉擇依循的對象上，並不相同。在一般的情形下，倫

理實踐的抉擇是有通則可循的，不過抉擇者總是會面臨到身處特殊情境的情況。按照荀子的禮學架構，倫理抉擇依循的通則當為制度之禮；不過，無論是在一般情形下所依循的禮制，亦或在特殊情境的抉擇的考量上，究竟是以「理」為對象。柯雄文指出：「（荀子的）禮與義皆有決定正當或適切行為的功能。不過，由禮所支配的正當行為為屬於服從規則的情形，而合於義的正當行為則指行為者在非常而緊迫情況中的適切行為。或許是此原因，荀子才說『義者循理』，指在特定情況中能行據理的判斷與行為。如我們前面所說，禮還有其理。」〔註 36〕分析柯雄文為荀子倫理實踐的抉擇型態所做的區分，可詮釋出二義：（一）禮為一種規則，在他的支配下，所謂正當行為是對於他所示之規則的服從；（二）現行之禮的規則，並非倫理實踐的最高依據，在現有之禮所無法涵蓋的特定情況中，「理」當為抉擇的真正對象。

智德者制禮固然一方面是為了「養欲節求」；不過「禮」的制訂並非只以解決眼前問題之實效性考量為依據。《荀子》云：「百王之無變，足以為道貫。一廢一起，應之以貫，理貫不亂。不知貫，不知應變。貫之大體未嘗亡也。」〔註 37〕所謂的「道貫」，是不受歷史、環境等變動因素改變之倫理實踐的共理。荀子說：「辨則盡故」〔註 38〕，倫理實踐的抉擇必須有其合理的理由。在荀子那裡，倫理抉擇所據持之合理的理由，是指「理」。在上文中，論者已論述荀子所謂的「禮」，依其內涵可區分成為四類：（一）「禮制」的禮；（二）「禮義」的禮；（三）「禮理」的禮；（四）「超越義」的禮。「禮義之統」為智德為開展一套涵蓋所有層面之客觀有效的禮之網路，使落實天人相合之目的之倫理論辯所依循的邏輯架構。「禮制」之禮與「禮義」之禮皆立於「禮理」之禮，而後者是源自於「超越義」之禮。王祥齡指出：「禮帶有社會規範下的『制度義』，而制度義之下的行為當與不當的禮又具有『行為義』的道德性。『禮』的行為義產生於規範下的制度義，而此制度義的『禮』所根據的『理』是遵循外在世界的規律——自然法。荀子雖云：『先王惡其亂，故制禮義以分之，是禮之所起也。』然觀先王制禮，是見人性的自然欲求有而不得，故為『養人之欲，給人之求』以制禮。其制禮的動機，基準點是在滿足人性的自然之欲（需求），並未抹滅人性的自然欲求。蓋其制『禮』的『至理』是在自然律

〔註 36〕同註 22 書，頁 200。
〔註 37〕《荀子·天論篇》。
〔註 38〕《荀子·正名篇》。

的法理之下訂定的。並未如前人所云,是人爲自制的實定法。」〔註 39〕所謂的「自然法」即是天道之則,爲「禮理」之禮、爲「理」,他本源自於「道」、「超越義」之理。《荀子》云:「此數具者,皆道之一隅也。夫道者體常而盡變,一隅不足以舉之。曲知之人,觀於道之一隅,而未之能識也。」〔註 40〕「道」本身並不會全面自顯,荀子所以批評諸子,原因就在於他們只見於「道之一隅」而不自知;而他所強調的智德者,是有別於諸子的,他能夠通曉這「道」之全貌,知曉一切作爲行爲抉擇的「理」。

　　荀子將倫理抉擇依循的共理上溯於天道,以天道之則爲抉擇實踐之客觀性根據,這在倫理實踐上來說,有一特殊之意義。倫理實踐抉擇所據既然在「天」,那麼,整個倫理實踐一方面是人道之落實,亦同時就是實際的「參天地」。是以,從另一個角度來看,具智德者以「道」爲最終根據的倫理抉擇,其實即在落實天地底下所有存在者之間的和諧關係。荀子云:「順其類者謂之福,逆其類者謂之禍,夫是之謂天政。」〔註 41〕又云:「聖人清其天君,正其天官,備其天養,順其天政,養其天情,以全其天功。如是,則知其所爲,知其所不爲矣;則天地官而萬物役矣。其行曲治,其養曲適,其生不傷,夫是之謂知天。」〔註 42〕具智德者知天,能備「天養」、順「天政」,他的思慮諳合於「道」,他的任何取措是無不周全適當的;是以,他在使喜、怒、哀、樂等自然之情能得到適當抒發、滿足之時,他的任何舉措對於生長萬物毫無一害的,而且還保全了天地生養萬物之「天功」。相較於荀子,亞里斯多德對於智德抉擇所依持的理據並沒有特別的討論。對於亞里斯多德來說,一項倫理實踐之抉擇的恰當與否,他全交由擁有智德之行爲者自身去拿捏,而他所考量的倫理實踐純然是針對人事關係中的各種問題。亞里斯多德以「中庸」作爲倫理德行之實踐原則與表現特徵,實踐上的「中庸」與否是交由智德來取捨的,而且他的倫理學著重的是人事方面的問題,這恐怕會使他所強調的德行論不免有著失其不可變之倫理根據之疑慮,且使之成爲只是著重於現實社會和諧關係之促成的側面。相較來說,荀學智德思想則是兼顧天與人之間整個和諧關係的實現。

〔註39〕請參閱王祥齡:〈荀子哲學的近代化特徵〉,編錄於《荀子思想的當代價值國際學術研討會會議論文集》(臨沂:山東大學,2007 年 8 月 6 日),頁433。
〔註40〕《荀子‧解蔽篇》。
〔註41〕《荀子‧天論篇》。
〔註42〕《荀子‧天論篇》。

二、荀學重人事、輕理論科學之智德思想之因由與侷限

「理性」有兩部份，亞里斯多德指出：「一部分我們用他來思辨那些具有不變本原的存在物，另一部份我們用他來思辨那些具有可變本原的存在物。」〔註43〕無論是荀子或是亞里斯多德皆強調智德由知能陶成而來，而且同樣是將知能訴諸於理性官能，他們同樣都注意到理性在可能改變之事物中扮演的角色。不過，深究地看荀子與亞里斯多德對於理性在此方面所期待表現出來的德行類型，明顯是不一樣的。對亞里斯多德而言，理性在可能改變之事物部份的角色，不只是在倫理實踐的抉擇上具有「智德」，「技藝」（*techne* / art）是他除了智德之外，屬於在此方面上的另一種德行，他是一種關乎生產的理性方面的德行。亞里斯多德說：

> 那些可能改變的事物，是可被製作，可被被實踐的。創制和實踐互
> 不相同。因為，實踐所具有的理性品格不同於創制所具有的理性品
> 格，兩者並不相互包容。實踐並不是創制，創制也不是實踐。

「創制與實踐種類不同」〔註44〕，「智德並不同於技藝」〔註45〕，技術與智德雖然同樣是涉及可變的事物，但兩者並不相同。就道德價值的涉及來談，技藝涉及的創制活動並不具有道德價值，例如：如何將一棟建築物穩固地搭蓋完成，是一項技藝德行的展現，是一種涉及如何完成此項目的的理性德行，並無關倫理價值問題；而智德涉及活動，是關乎倫理實踐之價值判斷。此外，就他們所涉及可變事物所展現的普遍性來說，一項技藝只表現在對某一特殊事物的活動上，對於某一事物具有技藝的人，不一定對於其他事物亦具有技藝；然而，具有智德的人對於任何情境的抉擇，皆可表現出倫理德行。「智德」與「技藝」是不一樣的，一個具有智德的人，不一定是具有技藝德行的人；換言之，具有技藝德行的人，不一定具有智德。

「技藝」為理性之創制活動的一種關乎理性官能的德行，這項德行對於人是重要的。亞里斯多德以「幸福」為人生活動的究極目的，實現幸福的條件在理性功能的發揮；是以，「技藝」自然也就是關乎人生目的之實現的重要德行〔註46〕。相較之下，《荀子》雖然有著許多關於生產製造之工藝及相關之

〔註43〕 *NE*. VI.1, 1139a5-10, p. 103~104.

〔註44〕 *NE*. VI.5, 1140b4-5, p. 107.

〔註45〕 *NE*. VI.5, 1140b3, p. 107.

〔註46〕 「德行」一詞在希臘文為 *aretē*，從亞里斯多德對於 *aretē* 的討論來看，其實 *aretē* 不只是道德上的德行，他對於非道德類型的活動所表現出來優良的品

工具的記錄，也肯定了農、賈、工三者分別在田、市、器三方面的精通，但是他對於這些技術，不似亞里斯多德另將之與倫理抉擇區隔，視之爲另一種德行的活動，而是將他們放置在倫理實踐的脈絡下來理解，使之成爲智德者的管理對象。荀子著重於倫理實踐上的關切，可清楚地由「智德」作爲所有德行之首德看得出，一個人是否有德，純然是就他在倫理抉擇、倫理實踐中展現的品格來論斷。生命目的究竟是否實現，同樣是以他爲論斷標準。就此而言，他們對於「德行」的內涵，並不相同。

　　此項不同，不僅在他們對於關乎可變之事物之理性活動所可能具有的品格中可見得；就理性關乎對於不變之事物的活動中所能展現的德行上來看，也是如此。當代荀學研究，對於荀子思想有輕科學的論斷，可由此得到另一向度的解釋。對於亞里斯多德而言，「智德」並非理性官能唯一的德行，除了「技藝」之外，理性還可思辨不變之事物，在這些思辨活動中亦有理性的卓越品格。亞里斯多德指出科學知識（*episteme* / scientfic knowledge）、理性直觀（*nous* / intuitive reason）以及哲學智慧（*spohia* / philosophic wisdom）三者與「智德」、技藝（*techne* / art）一樣爲理性方面的德行。此三者涉及的對象，皆是不變的事物，不過就他們涉及對象上的差異來看，他們彼此並不相同。關於「理性直觀」，亞里斯多德指出「除了理性直觀外，沒有其他類知識比科學知識更爲精確。」〔註 47〕「我們認爲，並非所有的知識都是可以證明的。直接前提的知識（即理性直觀所掌握的內容）就不是通過證明所獲得的。」〔註 48〕「哲學智慧」「乃是具有科學並兼備著理性直觀，此乃本性上最爲榮耀的。」〔註 49〕理性直觀是科學的起始點，爲科學知識的前提，哲學智慧則是含括理性直觀與科學知識。對於科學知識，亞里斯多德指出「科學地認識的東西是不可改變的，可改變的東西既然處於思辨之外，……祇有出於必然的東西，纔能被科學地認識，當然是永恒的東西。」「科學就是對普遍和出於必然事物的判斷。……科學的認知是可證明的，而技藝與實踐智慧則是以可變的東西爲對象。」〔註 50〕是以，科學知識是一種關涉經驗中具必然、不變性

格，亦稱爲 *aretē*。是以，Terence Irwin 便指出對於 *aretē* 一詞的表示，有時以「卓越」（excellence）會較以「德行」（virtue）來得更爲恰當。請參閱同註 7 書，頁 430～432。
〔註 47〕 *Anal. Post*, II.19, 100b8-9, p. 166.
〔註 48〕 *Anal. Post*, I.3, 76b19-20, p. 1156.
〔註 49〕 *NE*. VI.7, 1141b3-5, p. 109.
〔註 50〕 *NE*. VI.6, 1140b34-1141a2, p. 108.

質之事物之證明的理性方面的德行。

「科學知識」為理性方面的一種德行，這項德行在亞里斯多德以德行作為實現生命目的之途徑的論調下，也就成為理想生命的一項構成因素；是以，人欲求目的之實現，自當竭力此德行之陶成。荀子與亞里斯多德雖然對於德行與目的關係有著相同的理論架構，但是在此同樣架構底下，對於德行的內涵，二人所重不同。荀子雖然說：「凡以知，人之性也；可以知，物之理也。以可知人之性，求可以知物之理」〔註51〕，「以贊稽之，萬物可兼知也。」〔註52〕未嘗否認理性具有認識自然規律所以然之理的能力。但是他也說：「故君子……其於天地萬物也，不務說其所以然，而致善用其材。」〔註53〕對於荀子，理想生命的實現就在「智德」的陶成；是以「科學知識」的有無和「技藝」一樣，非理想生命的構成要素。

從個人生命的成就來看，荀學無疑是將道德活動看做是個人理想生命的全幅內容。但是若是就理性所涉及的其他活動及其可完成的德行來說，倫理實踐並非唯一的活動，「智德」亦非他可能完成的唯一德行。是以，就理論上可能的發效來看，「技藝」、「科學知識」並非與「智德」成就的理想生命毫無關係。事實上，「技藝」與「科學知識」的對象雖然與「智德」涉及之倫理實踐的抉擇不同，但是他們卻可以增長理性在其他方面上的卓越表現；同時，他們亦可增進人們在倫理實踐上的責任，為人類在倫理關係的經營上開創出更多的可能價值與可能途徑。

〔註51〕《荀子·解蔽篇》。
〔註52〕《荀子·解蔽篇》。
〔註53〕《荀子·君道篇》。

第五章 結　論

　　荀學同其他儒者般以建立內聖外王之局為共通一致的使命。從儒學思想
上的發展來看，漢唐、宋明、清代以至當代等各時期儒學的發展，大抵可說
就是孟荀相互消長、彼此吸收的歷史，為落實內聖外王之理論與理想的思辨
發展史。不過，進一步細察這思辨的痕跡，卻也可以發現這發展的方向始終
是倒向於孟學那一方面。荀學以倡智德落實儒學內聖外王的理念，其智德思
想義涵豐富，連結天人，以參天地為務，就實踐天人之目的為職志。當代對
於荀學主智精神是肯定的，但是傳統以來不將荀學識為正宗儒家亦是事實。
是以，論者以探討智德作為荀學研究的切入點，說明荀學以智德開啟禮的思
想求王道之實現之緩和主智立場的思維架構。其主智精神在今日對於儒學現
代化的要求中，有其價值，他亦為孔學的研究添加新的理解可能。在與西方
倡智德的思想比較下，可究竟中西智德文化的發效。論者擬以三節進行述論：
一、本研究的目的及各章節架構之舖排用意；二、「攝王於禮」、「攝禮於德」
的主智精神；三、荀學於現代儒家的價值及可能性發展。

第一節　本研究的目的及各章架構之舖排用意

　　當代時賢嘗將客觀精神提作為荀學思想的特色，在思想的意義上固然將
強調事功、外王的荀學視為發揮孔子重「禮」之側面，但卻無法將他視為具
圓融、一致性的體系來看待，如是解讀大概是接受了二程、朱熹「大本不立」
的視角。在孟學所架構的儒學視角來看，這樣的解讀或許是合理的：不立先
天良心為道德主體的荀子，是難由內聖之挺立以落實外王的理想；但卻也使

得荀學未嘗得到真正公允的解讀。欲對於任何一種經典進行新的解讀，必須先有著立場的確立，而如何避免孟學的詮釋視角而重新審視荀學，是本研究所當思考的首要問題，而詮釋框架的合理性，則是緊接其後的另一項考慮。對於第一項問題，論者以為「內聖外王」是儒家的核心關懷，「內聖」即道德生命，為落實「外王」的條件，以立內聖之德為基來成就外王之推拓為儒學的共通處，而荀學亦是如此。對於後一項問題的思索，論者以為荀子思想明顯地以知轉智的路線承繼著孔子之學的精神。

荀學同其他儒者般以建立內聖外王之局為共通一致的使命。從儒學思想上的發展來看，漢唐、宋明、清代以至當代等各時期儒學的發展，大抵可說就是孟荀相互消長、彼此吸收的歷史，為落實內聖外王之理論與理想的思辨發展史。不過，進一步細察這思辨的痕跡，卻也可以發現這發展的方向始終是倒向於孟學那一方面。荀子在漢儒心中雖具份量，但漢儒根本上是尊經學而非推崇子學，儒學所以得到重視，從某個意義上來說是因於政治的考量。中唐之後，儒學為與佛老爭正統，開始創造性地重釋自身固有的心性論資源，孟學地位也就日趨隆昇，其影響所及直至於今；荀學始終未能脫離以孟學來詮釋的命運；相互消長、彼此吸收的歷史所以現實發展著，主要是儒學在孟學詮釋架構下因著現實外王的需要而不免的或無意識的吸收了荀學。在此，回顧儒學發展的歷史，目的不在以比較哲學的視角評價孟學架構下之儒學發展的價值，更不在揚荀貶孟；旨在揭示以孟學作為儒學詮釋架構的同時，對於荀學的肯認也只在就他對於外王的強調，對於他一樣有著以內聖成就外王的使命及其理路之可能性；或者未予認可、或者不識。

牟宗三、徐復觀、張君勱、唐君毅等新當代儒家學者在《為中國文化敬告世界人士宣言》一文中，對儒學作出了如下的概括：「……心性之學，為中國之學術文化之核心所在。……中國由孔孟至宋明儒之心性之學，則是人之道德實踐的基礎，同時是隨人之道德實踐生活之深度，而加深此學之深度的。……我們必須依覺悟而生實踐，依實踐而更增覺悟。……但此覺悟，則純是內在於人自己的。所以人之實踐的行為，向外面擴大了一步，此內在之覺悟，亦擴大了一步。……依此，人之實踐行為及於家庭，則此內在之覺悟中，涵攝了家庭；及於天下宇宙，及於歷史，及於一切吉凶禍福之環境，我們之內在的覺悟中，亦涵攝了此中之一切。由此而人生之一切行道而成物之事，皆為成德而成己之事。……由先秦之孔孟，以至宋明儒。明有一貫之共

同認識。共識此道德實踐之行，與覺悟之知，二者系相依互進，共認一切對外在世界之道德實踐行爲，唯依於吾人之欲自盡此內在之心性，即出於吾人心性自身之所不容自己的要求；共認人能盡此內在心性，即所以達天德，天理，天心而與天地合德，或與天地參。此即中國心性之學之傳統。」〔註1〕按他們來看，中國學術的核心是儒學，他以孔孟之心性之學的傳統爲代表。所謂「內聖」即盡內在之心性，而「外王」即由「內聖」所開拓出涵括家庭、天下、宇宙、歷史等一切之參天地的道德實踐。荀學主知與性惡的言論，在那些以心性之學貫通「內聖」與「外王」關係的時賢眼裡，自然難以得到平衡的對待。

　　關於荀學「內聖」與「外王」的問題，當代學者不乏有所討論，他們的詮釋大抵可以分爲兩種型態：其一、以荀學知性主體爲知識之學之自本自根之發源處的當代新儒家，他們秉持著『返本開新』的職誌，將荀學的知性主體放置於孟學的架構下，以會通孟荀，使「內聖」與「外王」得以統一；其二、將儒學分別爲以「內聖」證「外王」以及「外王」證「內聖」二線，歸荀學爲後者〔註2〕，肯定他的事功精神。《荀子》云：「聖也者，盡倫者也；王也者，盡制者也。」還說：「非聖人莫之爲王。」〔註3〕清楚表示以「內聖」爲本、「外王」爲末的立場。就此言之，此兩種說法，皆未盡荀子意：第一種型態因未能認可荀學知性主體可爲成就內聖之資具，所以在肯定他以知性主體開拓出客觀精神的同時，仍舊強調孟學先天道德心的立場；第二種型態則不識「內聖」與「外王」在荀學中的關係，將二者的本末關係給錯置了，以外王之事功精神證「內聖」，遂使「內聖」之德義被取消。

　　荀學是以「內聖」證「外王」，對於「外王」的推拓與完成乃立基於「內聖」。兩種型態的詮釋路線，儘管皆留意到荀學對於知性主體的看重，卻不認

〔註1〕牟宗三、徐復觀、張君勱、唐君毅聯署，〈爲中國文化敬告世界人士宣言〉，收錄於張君勱：《中西印哲學文集》（下冊）（臺北：學生書局，1981年），頁866～870。

〔註2〕例如李澤厚指出：「事實上，從原始儒家到宋明新儒家，始終鮮明地、堅定地信守著『內聖外王』這一個體人格與社會秩序相統一的最高理想。區別僅僅在於，『內聖』一線（孟、庸、宋明理學）由『內聖』證外王，發展到極端則以爲有『內聖』必有『外王』；『外王』一線（荀、易、董、經世致用之學）由『外王』證『內聖』，發展到極端則以爲有『外王』必有『內聖』。」李澤厚：《中國古代思想史論》（臺北：漢京文化，1987年）。

〔註3〕《荀子·正論篇》。

可或不識荀學由知性開展出的不只是客觀精神、事功精神，知性的開展亦完成了「內聖」所要求的道德生命，即智德生命的陶成。他對於知性的看重在孔子那裡是有跡可尋的，他對於智德的強調在孔子那裡也是清楚可見的。釋荀學爲「外王」證「內聖」之路線的詮解，可以不必談論，其原因顯明可見的是因爲他們根本上就錯置了荀學思想中「內聖」與「外王」的本末關係。將荀學對於客觀精神的強調架構在孟學思想底下的詮釋，之所以不認可荀學「內聖」的可能性，是因於他們不識荀學由知性入智德是使自然生命成爲道德生命得以可能的一種發展的模式。

在哲學意義上來說，孟學無疑是對於孔子「仁」學的進一步發明。孟子以先天道德心建立道德主體，自然生命通過本有良心的擴充而臻於至善，具有德行；不過，孔子未嘗言「仁」爲「仁體」，未嘗論「心」爲「良心」。若能夠留意孔子未嘗言本心的事實，那麼將開啓詮釋荀學的另一種可能。荀學內聖外王之學，必須先從他的智德思想著手，這項工作可以使荀學由知性入智德的「內聖」之關懷與意涵得以被彰明，而他的合理性可以由孔學重智、重學的事實中獲得支持。

《孟子》曰：「盡其心者，知其性也。知其性，則知天矣。存其心，養其性，所以事天也。殀壽不貳，修身以俟之，所以立命也。」〔註4〕《大學》則說：「大學之道，在明明德，在親民，在止於至善。……古之欲明明德於天下者，先治其國，欲治其國者，先齊其家；欲齊其家者，先修其身；欲修其身者，先正其心；欲正其心者，先誠其意；欲誠其意者，先致其知。致知在格物。物格而後知至，知後而後意誠，意誠而後心正，心正而後身修，身修而後家齊，家齊而後國治，國治而後天下平。」《大學》以修身爲本，以格物、致知、誠意、正心爲內聖功夫；齊家、治國、平天下爲外王之歸宿。《大學》云：「大學之道，在明明德，在親民，在止於至善。」「自天子以至於庶人，壹是皆以修身爲本」、「誠於中，形於外，富潤屋，德潤身。」《中庸》：「唯天下至誠，爲能盡其性。能盡其性，則能盡人之性。能盡人之性，則能盡物之性。能盡物之性，則可以贊天地之化育。可以贊天地之化育，則可以與天地參矣。」「唯天下至誠，爲能經綸天下之大經，立天下之大本，知天地之化育。」若拿荀學與《孟子》、《大學》、《中庸》相比，那麼相較於三者明顯地持守「內聖」通往「外王」的路線；荀學側重的禮論思想，自然容易給予人只是重外

〔註4〕《孟子·盡心上篇》。

王的印象。本研究以通過智德的探討，釐清荀學思想裡頭「內聖」與「外王」
的本末關係，使「禮」得有所根、得有所本，以確使荀子以實現「外王」思
想之「禮」爲他落實智德之外王精神之具參天地之道德義的形式，得以顯題
化。〔註5〕

　　本研究以探討智德作爲荀學研究的切入點，這並非意味著本研究是一種
完全嶄新的荀學解讀、一種全新的荀學發現；而是希求避免因著以孟子詮釋
的儒學架構而在先地否認了荀學或者是在這樣的架構視角賦予荀子價值上的
定位。事實上，在此份研究中所展示的論證過程及成果上，論者延用了許多
的既有的研究成果，而這些研究成果對於論者本身及本研究而言，都是相當
珍貴的。

第二節　　「攝王於禮」、「攝禮於德」的主智精神

　　本研究題名爲「荀子之智德及社會倫理建構之意涵──以攝王於禮、攝
王於德爲核心」，期望能以荀子的智德思想爲研究對象，將他由之以貫通內聖
與外王之關懷，予以重新審視。是以，論者首先對於荀學的智德內涵進行釐
清，論斷荀學的智德思想是以一種發展德行以達內聖理想的型態，兼論及智
德爲什麼樣的一種德行，爲其禮論思想尋找出合理的根本，而荀學以隆禮爲
開拓外王之途，其實也正是一種將智德運用於現實人事、成就人道所借以落
實的形式。

　　孔子對於「仁」字的使用，就以內涵而言，可分爲二：一作爲全德使用；
一作爲殊德。相較於「仁」作爲首德、全德，「智」則同其他的德行是一種特
殊的德行。「仁」作爲全德時，他與「智」的關係是「由仁顯智」、「智從仁行」、
「以智輔仁」，「仁」者具有「智」，「仁」高於「智」。不過，「仁」的實現必
須經歷後天的歷程，「博學而篤志，切問而近思，仁在其中矣。」「仁」德得
通過「博學」、「篤志」、「切問」、「近思」等追求「智」的過程來實現。荀子

〔註5〕 以內聖推拓外王之架構詮釋荀學，並非是又落於傳統以孟學詮釋荀學的思維
　　　　框架中。正如劉又銘針對「荀骨孟皮」的批論所提出的澄清：「……荀學本來
　　　　就不是像『孟學系的荀學』所說的那麼外傾性格，荀學本來就不是孟學的極
　　　　端對反。事實上，荀學本來就跟孟學一樣具有內在價值根源，只不過不是那
　　　　種飽滿的、先天現成的價值根源罷了。」關於劉又銘的看法，請參閱劉文銘：
　　　　〈當代新荀學的基本理念〉，編錄於《荀子思想的當代價值國際學術研討會會
　　　　議論文集》（臨沂：山東大學，2007 年 8 月 6 日），頁 473。

同孔子重「仁」，他雖然倡禮文，但是他亦遵守儒學由內聖推拓外王的德治精神。荀學將「智」德提高與「仁」德一樣做為全德，具「智」德的聖人為有道之人，能依法類推，懂得如何掌握事物，通明於理且行為合道，展現真正的「仁」、「義」、「禮」。

「化性起偽」為荀學倫理思想中一項重要命題，「性」字包括有官能之所出、官能、官能的能力、官能的傾向、官能與外物接觸所產生的欲望。「偽」不以官能及其能力或「欲」為對象，他真正的對象是「情」。理想生命的成就即是「情」經由「偽」將具實踐倫理品質之可能的自然傾向，轉變為真正倫理品格的傾向之後的一種顯示於具體行為中合乎善的「欲」的表現。「偽」最終的目的在成就理想品格，此般實現的根據與對象在自然傾向，追求「智」的過程為成就此番實現的方法。藉由將「可以知仁義法正之質」轉為「智」德的過程逐步使「可以能仁義法正之具」的自然傾向轉為真正的倫理品格。理想品格從透過思慮的積累和行為的習慣養成來完成。理想生命的實現進路，以「智」德的發展與成就為方法。

聖人具有「智」德，他諧合於理的生命表現是盡其情、從其欲的，其性之本有的自然傾向及欲之發散因「智」德的成就而轉為真正的品格。「心」為人本有的官能，具有「知」的能力，荀學劃分「智」與「愚」，是以所求之道、所依之道的不同為標準。「智」德是關於倫理判準的理智德行，是關乎正確行為或事理的明辨、抉擇與肯定、合乎道之深思熟慮的穩定的品格，為一種關乎求善而求知的實踐理性。具「智」德者，對於倫理實踐，具有認識、分析、推理與權衡的作用，如是思慮活動難為一般人所認識，如是之用，即是一種將通曉之共理，作用於個別倫理實踐活動的理智之用、理智德行。「智」德不僅關乎個人，國家能否正理平治，亦以之為條件，理想君主當能決別疑難問題、應付萬變。

荀學是主智態度的，不過他也強調「意志」的作用；是以，他是緩和的主智立場。自然生命轉化為理想生命之所以可能，一方面由發揮心之知能，以追求「智」德的過程來完成；另一方由心之向善的意志趨向來輔助。無論是自然生命亦或是理想生命，「心」皆主宰著身體。在倫理實踐活動上，「心」除了是能知心，還是能治心；此能知能治之心，由知能的思慮與意志的向善所組成。將「心」本有能認知是非的功能與以發展成「智」德、以道為倫理實踐的思慮對象，是進行對治情欲的一項要務，其中還需配合著趨向善的穩

定意志的輔助。

趨向善的穩定態度必須透過後天的養成，而好佚之情及好利之欲的自然傾向並非化性起僞可能之所在；趨向善的意志所以可能，是根據人性中具有的向善傾向。「心」與其他官能的關係是「自禁也，自使也，自奪也，自取也，自行也，自止也。」荀學保證行爲完全出自於自主的選擇，「意志」是自由的。心爲主宰、自由的，利己思維的意志趨向及走向群體的意志趨向皆爲「心」的表現，而走向群體的個體爲了使自身的生命由偶然的狀態成爲能群的一份子、成爲得有適切安立的生命，具主宰義的「心」會有尙「義」的意志趨向。「心」透過志義，使「義」給於欲群、需群的個人形式的規範，使個人與他人的連繫及互動中，得以「能群」、「中理」。荀學說「暴國安自化」，教化固然需外在之禮的規範，但是教化活動的精神爲「自化」、是自我轉化。教化扮演的角色，當是引導性的、非強迫性的。引導性的教化之所以可能，正是因於人本具志義的意志趨向。

「仁」、「義」、「智」所以立之質具爲情、意、知等自然傾向，皆必須合乎於「禮」，待自然傾向合乎「禮」時，方成爲眞正的德行。近人嘗言「禮」爲荀學思想之道德的最後根據，凡「仁」、「義」、「智」皆被收攝於「禮」中；換言之，整個道德就是禮。不過，荀學雖然一方面隆禮，但是一方面也說：「君子處仁以義，然後仁也；行義以禮，然後義也；制禮反本成末，然後禮也。」他清楚指出禮的制訂需返本於「仁」與「義」。論者認爲若要視「禮」是「仁」、「義」、「智」三德的標準，只能是就自然傾向在過渡爲眞正德行前而說。當人本有的情、意、知轉爲眞正德行時，那麼「仁」、「義」、「禮」、「智」其實是「道」的不同的別名，彼此相互含攝彼此，而荀學所以用不同的別名指稱道，爲的是所強調側重的部份。

基本上來說，《荀子》雖然有所謂「天行有常」，即承認自然界中具有自然律則，而且他也肯定人類具有揭示自然律則的認識能力，「凡以知，人之性也；可以知，物之理也。以可知人之性，求可以知物之理」，「以贊稽之，萬物可兼知也。」但是，並未由此肯認來開出理論科學。相較於揭示自然現象之所以然之理，荀學更重於人事。「智」德所呈顯的思慮內容和目的，不在對萬物進行純粹認識，而是以對人事的思慮與落實爲主要。荀學以爲「學習」在以「至足」爲目的，所謂的「至足」以能否成就「盡倫」、「盡制」的內聖外王之道爲標準。由「學習」的限度與目的的內容來看，荀學「智」德實具

有一種實用性的態度，以這一種實用性的態度的智德思慮的關懷內容，遂使得對於自然規律的純粹認識產生了阻礙，純粹的科學理論也就無法在荀學那裡得到肯定。荀學所以忽略對於「真」的探求，並不是因為荀學否定人的認識能力，而是因「智」德重人事、實用之思慮的取捨態度所致。如是思慮，讓對於自然律則的探求，成為落實人事的功具性角色。

荀學以為人當「明於天人之分」，這項命題不僅使人與自然有著一靜態的分界，還意味著人利用自然以作用於人事的實踐使命，他賦予人對於自然的主動性。天之相較於荀學對自然的認識所展現的不求知所以然的取捨態度，他對於將呈現於自然之物理作用於人事的技術發展，則明顯是積極的。荀學以專業分工的模式來落實各項技術之應用。精於治物之技術者以治物，精於治人之道者兼治各治一物之人。因是，君子專一於道，藉由道來考查萬物，萬物自得被明察，藉由道來端正自身德行、省察言論，如是則能管理萬物。這種將技術收攝由「智」德來管理，以指導外王事業的發展，為一種「智」德的特殊運用。這使得原本客觀、不具是非的技術活動，在以「智」德指導的架構中，變得具有倫理意義。

荀學所以說「明天人之分」，不僅指配合自然、善用自然，還包括就人能主動參天地、明天道以實踐人道之意義而說。聖人具「智」德，所謂「知天」，除了明知呈現於現象之物並發展成技術、運用於人事之外；另外，還具有視天之則於人事之人道落實義。荀學言：「道者，非天之道，非地之道，人之所以道也，君子之所道也。」「天有常道矣；地有常數矣；君子有常體矣。」若是將天、人以分別的方式來看，那麼具「智」德者欲落實人道，他必須先體認天與人的常道；人道的落實不是僅由人身上去找根源，還必須向天找。荀學言「天」仍具有道德的意義，天地是有價值的，非只為一自然現象。是以，若將天與人以分別的方式看待，以為天是天，人是人，那麼自然界的萬物只是道的一偏；反之，人事中所具之共理，亦當只是道之一偏。聖人立人道，自當識天才足以為人取法之範示。

「士」尚未認識禮法之所據，行為之合宜只是遵行外在之禮法規範。「君子」同「士」為成德過程的特殊階段，界於「士」與「聖人」之間。「君子」不僅行為合度，且「言必當理」，知曉禮法之據。相較於「士」的生命，荀學由知成「智」的進一步工夫，還在知曉禮法之據，以成為「君子」。「聖人」與「君子」有別：（一）「君子」對禮法之據雖有所知，但未致完全；（二）「聖

人」除了通全知曉禮法之據外，他能夠「舉一應萬」、「宗原應變」。「聖人之知」是「言之千舉萬變，其統類一也。」荀學採溫和主智的立場，以「禮」爲習得的對象，以陶鑄「智」德爲務。「士」、「君子」以至爲「聖人」的三種生命型態之品格發展過程，即自然生命之知能透過「禮」，使養成道德的知識理性，並漸次地經由行禮之積累，以完成具道德的實踐理性之「智」德之陶成目的的歷程。

荀學言「禮有三本」，其中當以天地最爲根本。「天地」一方面爲人類生存的物質前提，他提供了生存的空間及需要的物質；一方面就「禮」根本之源來說，「天地」相較於「先祖」爲「類之本」、「君師」爲「治之本」，「天地」則爲「生之本」，更爲「禮」根本之所源。在荀學那裡，君臣、父子、兄弟、夫婦等社會倫理關係所據之大本是同天地的。荀學的「天人之分」，是針對天之於人類社會不具有意志性之影響的強調；他並未否定天與人二者的相互關係。天與人二者之間，有著根源的統一，致使他們在目的上也是相同的、一致的。整個天地的規律即客觀之「禮」的表現，因此「智」德者制禮不是任意的，是有所本的、有所據的，這爲落實於人事的規範與制度提供了普遍性及有效性的保證，社會的秩序即此道德性、超越性、絕對性之天的具體化。「禮」是天地規律於人類社會的具體化。自然生命、人事或國家，皆得透過「禮」始得成爲一合理的存在，與整體有一和諧的關係。

「禮義之統」爲君子操持之道術。子思、孟子所以爲荀學非難，起因自基於知性主體力求發展智德的荀學，在道德方面表現出的性格是邏輯的、建構的、純智的；子思、孟子立道德於先天道德心，難爲尙倫理論辯的主智心靈所接受。「禮」具四義：（一）「禮制」的禮；（二）「禮義」的禮；（三）「禮理」的禮；（四）「超越義」的禮。對行爲者而言，「禮制」之禮所以普遍、具有效力；「禮義」之禮，所以作爲行爲之圭臬，乃因於二者有客觀之理據，爲客觀理據之具體化。「禮制」、「禮義」由智德思辨而成，「義」爲智德進行倫理論辯、制訂「禮制」、賦予「禮義」所依持之客觀原理、原則。聖王爲禮之制訂及推動者，智德者之舉措所以能應變、能不窮，在其能抽象「類」中之理，而「類」中之理即「禮制」之禮、「禮義」之禮所具之共理、所據之原則。荀學所以言「禮」爲「法之大分」、「類之綱紀」、「在天地之間畢矣」，在因「禮」還具有「超越義」之義。「道者，體常而盡變」，智德者所以能夠「以義變應」，在他能體「常道」、知「大理」，曉「超越義」之禮。

　　以智德思想來看，形下之具體的「禮制」規範及其所含括的行義內涵，皆有著形上的依據。這由形上之抽象下貫於具體的落實，是有一步驟、有一邏輯的。若從荀學之主智精神觀之，則子思、孟子無疑取消了先王之道的邏輯根據。社會秩序需有具通曉道德知識的邏輯的人來建立，道德知識的邏輯必須是有理在其中，此理是不易、不變的，而無論是「先王」亦或是「後王」皆具有這邏輯、通曉不易不變之理之心靈。「先王」所持守的「禮義之統」當為「後王」所含括，荀學當未有絲毫貶斥「先王」之意。「推類」是智德思慮的作用，具有「應變」與「解惑」的功能，所謂的「以類舉」、「舉統類」即道德主體將「類」推理於非常之事，為一種倫理思慮的推論活動，是一種將不易之理在具體人事上的殊化與應用。殊化與應用的智德已將「法」收攝於「禮義之統」中。「禮」與「法」並非是在本質上有別的兩套規範；無論是就「法」所依持的本源或為求應變而尋制新法之方式的角度來看，「法」皆是以「禮」為本的。「法先王」著重於彰明道德知識的邏輯及所持之不變之理；縱向地來說，這是「先王」與「後王」所共持之「道貫」。荀學所以兼論「法後王」，原因在具體落實方面，必須在其殊化及應用的適應性考量下，將此道貫推理作用於現實，以完成符合歷史所具之動態性特徵的禮制。

　　孔子「仁」學確立了「義」與「利」的關係，他以「義以生利」為落實「公利」的原則，也為「外王」的推拓活動做了範圍的規定。「公利」為「外王」所需，合義的「公利」可利平民，為政之大要。孟子「義利之辨」的提出，一項目的即在端正時代亂象，他以先天道德心說性善的立場，試圖由生命應當踐履此內在於主體之道德心之理想，拉回已淪喪的時代風氣。孟子雖然有類似孔子對於「私利」與「公利」的肯定，但是從他對於人性的理解及實現理想生命的方式之所在來看，「利」事實上並不是思慮道德活動的一項考量。孟子以為「利」「由仁義行」的看法，似同孔子所謂的「以義生利」，不過「由仁義行」在這種以先天道德心說「性」的規定下，使得先天道德心之外其他的自然傾向變成為是與先天道德心相對的負面傾向，「利」與生命之需要的關係因而難被正視。從荀學對於自然生命傾向來看，「利」與「義」兩者皆為自然傾向的內容，皆不可去之；換言之，荀學的義利觀含括著一項命題：在成就德行落實理想生命之時，合「義」的「利」不僅是合理的，而且「利」還是生命所不可或缺的，即便是理想生命亦若是。

　　當代荀學研究不乏以荀學重「功利」的事實來解釋荀學，這些針對荀學

重「功利」的評論，有的說荀學「不免於功利之窠臼」，有的則論斷他與功利主義沒有兩樣，以爲荀學「禮義之統」是落實「功利」的工具，荀學的「禮義之統」遂無獨立價值可言。荀學雖賦予道德工具性價值，但對此價值的的肯定並未取消他對於道德之內在價值的強調，道德在荀學那裡具有內在與工具之雙重性價值，兩者之間的關係爲統一的。理想生命的實現包含有內在德行的養成以及自然生命之自然傾向的滿足；其中，以內在德行的養成爲主要，而自然傾向的滿足，並無他方，亦是以前者爲落實之途。「德」與「福」的發生關係在荀學來看，本有著因果之必然性。荀學的義利觀仍是「以義取利」的，而那些貌似「以利說義」、「以利釋義」、「以利制義」的話頭，只是在「德」與「福」之因果必然關係底下，就「踐德有福」、「踐義有利」的側面而說的，荀學實不可以用功利主義來論斷。

第三節　荀學於現代儒家的價值及可能性發展

當代新儒家牟宗三對於荀學的論斷，大抵反應著現今大多數學者對於荀學研究的定位及價值的看法：「至今先言荀學之大略，而以〈正名篇〉之疏解附之。庶可爲治《荀子》者提供一門徑。且欲表明荀子之思路實與西方重智系統相接近，而非中國正宗之重仁系統也。故宋明儒者視之爲別支而不甚予以重視也。然在今日而言中國文化之開展，則荀子之思路正不可不予以疏導而融攝之。此亦即疏通中西文化之命脈而期有一大融攝中之一例也。」〔註6〕對於「儒家的特質」，牟宗三在《中國哲學的特質》嘗如是表示：「中國哲學之重道德性是根源于憂患的意識。中國人的憂患意識特別強烈，由此種憂患意識可以產生道德意識。」〔註7〕「它是以『生命』爲中心，由此展開他們的教訓、智慧、學問、與修行。」〔註8〕「中國既然確有哲學，那麼它的形態與特質怎樣？用一句最具概括性的話來說，就是中國哲學特重『主體性』（Subjectivity）與『內在道德性』（Innermorality）。中國思想的三大主流，即儒釋道三教，都重主體性，然而只有儒思想這主流中的主流，把主體性復加以特殊的規定，而成爲『內在道德性』，即成爲道德的主體性。西方哲學剛剛相反，不重主體性，而重客體性。它大體是以『知識』爲中心而展開

〔註6〕牟宗三：《名家與荀子》（臺北：臺灣學生書局，1979年），頁 193～194。
〔註7〕同註6書，頁7。
〔註8〕同註6書，頁17。

的。」〔註9〕

說荀學非中國正宗之重仁系統，現在看來是有待商榷的，他在時代亂局中透顯出的憂患意識是真實的、毫無疑問的；他雖言性惡，但是極力由知入智轉化自然生命為道德生命、以知性主體成就智德生命的教訓，亦具體顯著他對於道德主體的肯認；而不無論就他對於時局的關切，亦或是就實踐的可能性來說，在在是發自於生命的體驗。荀學本守著同孔孟建立內聖、開拓外王的關心以智德的完成與開展以落實「仁」的理想，所以不被認識，是因為通常只是認識到他重知性的事實，對於以智德成就道德主體的部份不予接受，而不予接受的原因，就在於荀學不以內在道德性為道德主體所以為道德主體之所以然。由他們的解讀來看荀學，那麼所謂疏通荀學、融攝荀學具「疏通中西文化之命脈而期有一大融攝中之一例也」之意義的評斷，事實上只是具有補足孟學心性不足處之功能而已：深一層地來看，也就意指荀學的思想並不足以獨立代表孔學的系統與西方做一會通。

說「荀子之思路實與西方重智系統相接近」，除了只是對於荀學與西方重知性的一種共通處的認識外，二者會通之著立點應放置於對「德行」的討論上。牟宗三指出：「至希臘第二期的哲學家才開始注重人事方面的問題，……及亞里士多德倫理學所講的至善、中道、公平、道德意志、友誼與道德之類，都是人類本身而非自身外的自然問題。然而，他們都以對待自然的方法對待人事，採取邏輯分析的態度，作純粹理智的思辯。把美與善作為客觀的求真對象，實與真正的道德無關。」〔註10〕若是以這種將希臘哲人為倫理學進行的哲學思辨解讀成只是為建構知識系統的評斷眼光來看，那麼所謂荀學與希臘哲學的會通，大概也只能就二者於道德知識的研究來做一致性及差異性的比較。當代國內學者也不乏著有著立於「德行」，比較分析荀學與亞里斯多德的嘗試，但卻鮮少是以智德的角度為出發。〔註11〕

〔註 9〕 同註 6 書，頁 5～6。
〔註10〕 牟宗三：《中國哲學的特質》（臺北：臺灣學生書局，1994 年），頁 14。
〔註11〕 國內嘗就「智德」切入做為比較的研究並不多見。杜米杉做的分析，是基於荀子與亞里士多德二人生逢的時代背景相似性及恢復荀學於當代應有的價值而產生的興趣，文中雖剖析兩人對於中道、勇敢等的看法，卻忽略兩者皆強調看重的智德。根本的來說，杜米杉仍多少受了點傳統評價荀學的影響，如他自己說的：「然而，荀子學說在近代而言，自有其價值與存在之必要，且愈來必愈受重視和發揚，……批評者常就某一觀點論之，不夠客觀，若能對荀子整部學說徹底融會貫通，則不難發現還是以韓愈『大醇小疵』較為客觀

　　亞里士多德（Aristotle）《尼各馬科倫理學》（Nicomachean Ethics）可謂西方哲學史上最早完成的一套系統倫理學著作，在當代德行倫理學（Virtue Ethics）的復興中，常為當代德行論學者談論〔註12〕，某些當代德行倫理學學者甚至以新亞里斯多德主義者（Neo-Aristotelian）為自居。當代之所以流行於德行倫理學的討論，乃是對於一直以來支配西方道德哲學之效益論（Utilitarianism）以及義務論（Deontology）兩套倫理學體系的反動。丹尼爾・史塔門（Daniel Statman）將倫理學理論重新區分成兩類：一為德行倫理學（ethics of virtue），另一為非德行倫理學（non-virtue ethics），又稱為義務倫理學（ethics of duty）。非德行倫理學將原本的義務論以及效益論理論歸為一類，丹尼爾・史塔門指出這兩種倫理學理論具有的根本特徵（即所有的人皆受到某種普遍義務所約束、道德推理是一種原理的應用，以及德行的價值是從是非善惡的概念推衍而來）全盤為德行倫理學所否定〔註13〕。對於亞里士多德來說，倫理學和政治學都屬於實踐哲學，二者的主要目的並不在建構道德原理，而在於躬行實踐，倫理學的目標並不只是認知德行，而是要能夠擁有德行以及實踐德行。由這些事實上來，荀學與亞里士多德當有更多的會通可能性。

　　在亞里士多德的體系中，存在著一種「偶然成為的人」與「一旦認識到自身基本本性後可能成為的人」之間的重要對照。麥金太爾（Alasdair Mac-Intyre）認為在亞里斯多德那，倫理學是一門使人們懂得如何從前一種狀態轉化到後一種狀態的科學，他告誡人們建立各種德行來禁絕各種惡行的戒律，教導人們如何認識我們真實本性，告訴人們如何達到人類的真正目的〔註14〕。

　　　中肯。」參閱杜米杉：〈荀子堪稱「東方的亞里士多德」嗎？〉（下），刊載於《宇宙》第八卷第十一期，1978 年，宇宙，頁 23。就論者所見，潘小慧《四德行論──以多瑪斯哲學與儒家哲學為對比的探究》算是唯一對於荀學「智德」思想有持平關注的著作。潘小慧對於多瑪斯的建構是延續著亞里土多德以來的德行論觀點，裡頭談及「智德」思想的發展與內涵上的豐富歷程，且述及儒家孔、孟、荀三者「智德」意義的演變，兼深入分析比較兩種文化於「智德」的差異。請參閱潘小慧：《四德行論──以多瑪斯哲學與儒家哲學為對比的探究》（臺北：哲學與文化月刊雜誌社，2007 年）。

〔註12〕參考自黃藿：〈德行倫理學的復興與當代道德教育〉，刊載於《社會文化學報》（中壢：國立中央大學通識教育中心，1999 年 12 月），第九期，頁 9～10。

〔註13〕參閱 Daniel Statman ed., *Virtue Ethics-A Critical Reader*, Edinburgh: Edinburgh University Press, 1997, p. 3~7.

〔註14〕參閱 Alasdair MacIntyre, *After Virtue*, Indiana: University of Notre Dame, 1984, p. 41~50.

《尼各馬科倫理學》雖指出智德（prudence）〔註15〕與自然生命轉化爲理想生命有著密切關係，爲知性所發展，同科學知識科學知識（*episteme* / scientfic knowledge）、技藝（*techne* / art）、理性直觀（*nous* / intuitive reason）以及哲學智慧（*spohia* / philosophic wisdom）爲一種理智德行〔註16〕。但智德同其他的理智德行一樣，有其特殊的對象，亞里斯多德對於純粹思辨的理智德行予以獨立的位置，他的成就亦爲理想生命的要素。

亞氏曾如此表示：「對於人來說，這（靜觀生活）是一種更高的生活，我們不是做爲人而過這種生活，而是做爲在我們之中的神聖的東西。」〔註17〕他重視人類理性的能力，幸福的實現關鍵在理性能否整體實現，所謂靜觀生活即科學知識、理性直觀以及哲學智慧三種理智德行的擁有，這三種德行所涉及的對象爲不變的事物，前兩者涉及的對象，爲哲學智慧所包括，所謂哲學智慧即是靜觀的活動。理性直觀與科學知識並不相同，雖然對象皆爲不變的事物；理性直觀對於不變的事的認識乃是立即獲得的，而科學知識需藉由論證的方式來把握不變的事物。他爲人類言及的靜觀生活，包含著證明的過程及由此得來的知識，直觀的理性只是一個起始點。相較於荀學，亞里士多德雖重智德，但對於科學知識亦爲重視；科學知識在荀學那，只是成爲落實智德之重視人事、落實人道的工具意義。

智德除了與理想生命的完成有關，智德亦關係著政治的經營：「政治技術和智德乃是同樣的品格，雖然他們並不相同。」亞氏智德除了是一種關於個人實踐自身行爲，使行爲能合乎倫理德行的理智德行，而與政治技術有了區分，但是這樣的能力亦爲家事、立法及政治所需要〔註18〕。這與荀學以智德開拓外王的思想有著若合符節之處，由荀學的智德思想來看，對於人透過理性言說能力不斷地分辨與溝通所建立之有序的社會關係，正是智德思想的一

〔註15〕 亞里士多德視智德爲理智德行的一種，其與個人生命實踐、城邦中之群體生活有著密切的關聯。所有善行實踐與德行彰顯之可能性，皆在於智德。參閱 Aristolte, *Nicomachean Ethics*, translated by Terence Irwin, Terence Irwin, 1985, p. 418。以及張鼎國：〈「實踐智」與新亞里多德主義〉，刊載於《哲學雜誌》（台北：聯合發行中心，1997 年 2 月），第十九期，頁 67。

〔註16〕 這四項理智德行與智德的相似與區別，主要討論分佈於《尼各馬科倫理學》第六卷第三章至第十一章的內容中。請參閱 Aristotle, *Nicomachean Ethics*, translated and edited by Roger Crisp, New York: Cambridge University, 2000, p. 105~115.

〔註17〕 *NE*. X.8, 1177b29-1178a9, p. 196.

〔註18〕 *NE*. VI.8, 1141b39-42, p. 110.

種運用。

　　荀學的智德思想與亞里斯多德的智德，在理想生命的完成及落實有序之社會關係上，皆有著舉足輕重的角色，他們內涵上有著一致之處，亦有其偏重上的不同，東西文化的不同或可由此比較出所以有不同面貌的原因。是以，無論就德行論於現今引發的熱烈討論、智德與理想生命之完成的關係、智德與理想社會關係的建立等議題來看，皆見得荀學有著值得再進一步深究的價值。這樣的深究，為的不只是愈加豐富荀學的思想；更多的是，這樣的會通乃基於他們共通的基礎，透過對比可為荀學所承繼的孔學詮釋出當代儒學發展需要的質素。

　　回到孟荀會通的可能性來說。言性惡的荀學非不可與孟學性善會通，誠如朱熹援引了荀子以氣論性的觀點，來消彌孟子盡言性善的不足，荀學溫和主智的立場，為自然生命如何成就為理想生命，提供著發展德行的路途。從德行的養成關懷來看，孟荀其實皆是一樣的，這為會通孟荀以完備孔學的期待提供了可能。

　　本研究進展至此，大抵說來，雖然已將當初的期待給完成了；不過就某個意義上來說，這份初步的研究仍然有其美中不足之處：相關於荀學主智精神與西方的主智文化的對話與會通，或許可為論者日後的研究提供可能的發展方向。

參考文獻

一、原　典

1. 宋・朱熹：《四書章句集註》，臺北：鵝湖出版社，1984 年。
2. 宋・陳亮：《陳亮集》，臺北：河洛圖書出版社，1976 年。
3. 宋・黎靖德：《朱子語類》，北京：中華書局，1986 年。
4. 明・王廷相：《王廷相集》，北京：中華書局，1988 年。
5. 明・王陽明：《傳習錄・答顧東橋書》，臺北：金楓，1987 年。
6. 明・羅欽順：《困知記》，北京：中華書局，1990 年。
7. 唐・楊倞，清・王先謙：《荀子集解・考證》，臺北：世界書局，2005 年。
8. 唐・韓愈：《韓昌黎文集校注》，臺北：世界書局，1960 年。
9. 晉・杜預：《春秋經傳集解》，上海：上海古籍出版社，1998 年。
10. 清・郭慶藩：《莊子集釋》，北京：中華書局，1997 年。
11. 清・焦循：《孟子正義》，北京：中華書局，1996 年。
12. 清・程樹德：《論語》，北京：中華書局，1990 年。
13. 清・黃宗羲：《宋元學案》，臺北：河洛圖書出版社，1975 年。
14. 清・黃宗羲：《明儒學案》，臺北：河洛圖書出版社，1975 年。
15. 清・熊賜履：《學統》，臺北：臺灣商務印書館，1968 年。
16. 清・劉師培，《荀子補釋》，臺北：古今藝文印行，年代不詳。
17. 清・謝墉，《荀子集解》，臺北：新興書局印行，1959 年。
18. 漢・王充：劉盼遂集解：《論衡集解》，臺北：世界書局，1975 年。
19. 漢・司馬遷：《史記》，臺北：七略出版社，1991 年。
20. 漢・劉向，清・姚振宗輯錄：《書目類編》，臺北：成文出版社，1978 年。

21. 于省吾:《荀子新證》,臺北:樂天出版社,1970 年。

22. 毛子水:《荀子訓解補正》,臺北:華正書局,1980 年。

23. 李中生:《荀子校詁叢稿》,廣州:廣東教育出版社,2001 年。

24. 李滌生:《荀子集解》,臺北:臺灣學生學局,2000 年。

25. 張覺:《荀子校注》,長沙:岳麓書社,2006 年。

26. 張以文:《荀子全釋》,湖南:三環出版社,1991 年。

27. 梁啓雄:《荀子集解》,臺北:臺灣商務印書館,1993 年。

28. 章太炎:《國學略說》,臺北:文史哲出版社,1987 年。

29. 章詩同:《荀子簡注》,上海:人民出版社,1974 年。

30. 溫晉城:《孟子會箋》,臺北:正中書局,1954 年。

31. 熊公哲:《荀子今註今譯》,臺北:臺灣商務印書館,1995 年。

32. 劉向:《漢書藝文志》,臺北:成文書局,1978 年。

33. 劉向:《戰國策》,臺北:里仁書局,1990 年。

34. 劉殿爵:《荀子逐字索引》,香港:香港中文大學中國文化研究所,1996 年。

35. 嚴靈峰:《無求備齋荀子集成》,臺北:成文出版社,1997 年。

二、相關著作

1. 王穎:《荀子倫理思想研究》,哈爾濱:黑龍江人民出版社,2006 年。

2. 牟宗三:《中國哲學的特質》,臺北:臺灣學生書局,1994 年。

3. 牟宗三:《名家與荀子》,臺北:臺灣學生書局,1979 年。

4. 李澤厚:《中國古代思想史論》,臺北:漢京文化,1987 年。

5. 周群振:《荀子思想研究》,臺北:文津出版社,1987 年。

6. 柯雄文:《倫理論辯》,臺北:黎明文化事業公司,1990 年。

7. 胡適:《中國古代哲學史》,臺北:臺灣商務出版社,1976 年。

8. 韋政通:《先秦七大哲學家》,臺北:水牛出版社,1989 年。

9. 韋政通:《荀子與古代哲學》,臺北:臺灣商務印書館,1997 年。

10. 徐復觀:《中國人性論史》,上海:華東師範大學出版社,2005 年。

11. 徐復觀:《中國經學史的基礎》,臺北:學生書局,1982 年。

12. 翁惠美:《荀子論人研究》,臺北:正中書局,1988 年。

13. 張君勱:《中西印哲學文集》(下冊),臺北:學生書局,1981 年。

14. 郭沫若:《十批判書》,北京:東方出版社,1996 年。

15. 陳大齊:《荀子學說》,臺北:中國文化大學,1898 年。

16. 勞思光：《新編中國哲學史》，臺北：三民書局，1990 年。

17. 惠吉星：《荀子與中國文化》，貴州：貴州人民出版社，1996 年。

18. 馮契：《中國古代哲學的邏輯發展》，上海：人民出版社，1990 年。

19. 馮友蘭：《中國哲學史》，北京：中華書局，1961 年。

20. 楊承彬：《孔、孟、荀的道德思想》，臺北：臺灣商務印書館，1992 年。

21. 楊國榮：《善的歷程——儒家價值體系研究》，上海：上海人民出版社，2006 年。

22. 廖名春：《荀子新探》，臺北：文津出版社，1994 年。

23. 熊公哲：《荀卿學案》，臺北：臺灣商務印書館，1967 年。

24. 潘小慧：《四德行論——以多瑪斯哲學與儒家哲學為對比的探究》，臺北：哲學與文化月刊雜誌社，2007 年。

25. 蔡仁厚：《孔孟荀哲學》，臺北：學生書局，1984 年。

26. 韓德民：《荀子與儒家的社會理想》，濟南：齊魯書社，2001 年。

三、期刊論文

1. 王靈康：〈英語世界的荀子研究〉，刊載於《國立政治大學哲學學報》第十一期，臺北：國立政治大學，2003 年。

2. 佐藤將之：〈二十世紀日本荀子研究之回顧〉，刊載於《國立政治大學哲學學報》第十一期，臺北：國立政治大學哲學系，2003 年。

3. 李滌生：〈荀子的自然論〉，刊載於《民主評論》第十五卷第二十一期，臺北：民主評論，1964 年。

4. 李賢中：〈墨學論用〉，刊載於《哲學與文化》第三十一卷第一期，臺北：哲學與文化月刊社，2005 年 1 月。

5. 杜米杉：〈荀子堪稱「東方的亞里士多德」嗎？〉（下），刊載於《宇宙》第八卷第十一期，宇宙，1978 年。

6. 俞仁寰：〈荀子書中的「類」字與邏輯〉，刊載於《政治學季刊》第二期，臺北：臺大政治學會出版，1960 年 4 月。

7. 胡啓勇：〈先秦儒家「智」德思想述略〉，刊於《蘭州學刊》第十二期，甘肅：蘭州大學，2006 年 12 月。

8. 張亨：〈荀子對人的認知及其問題〉，刊載於《文史哲學報》第二十期，臺北：臺灣大學，1960 年。

9. 張涅：〈「人定勝天」思想的歷史查考和認識，刊載於《東岳論叢》第二十一卷第二期，濟南：山東人文科學院，2003 年。

10. 張穎：〈試論孔、荀對自然規律的探索態度及其對中國古代科技發展的影響〉，刊載於《阜陽師範學院學報》（社科版）第三期，2000 年。

11. 張鼎國：〈「實踐智」與新亞里理多德主義〉，刊載於《哲學雜誌》第十九期，台北：聯合發行中心，1997 年 2 月。

12. 陳大齊：〈荀子所說的義〉，刊載於《孔孟學報》第二十一期，1971 年。

13. 越蓓：〈荀子科技思想評述〉，刊載於《船山學刊》第三期，長沙：湖南省社會科學界聯合會，2000 年。

14. 黃藿：〈德行倫理學的復興與當代道德教育〉，刊載於《社會文化學報》第九期，中壢：國立中央大學通識教育中心，1999 年 12 月。

15. 楊秀宮：〈義利之辨在技職教育中的意義——以孔孟荀「義利之辨」為核心之研究〉，刊戴於《樹德科技大學學報》第五卷第二期，高雄：樹德科技大學，1993 年。

16. 潘小慧：〈荀子的「解蔽心」——荀學作為道德實踐論的人之哲學理解〉，刊載於《哲學與文化》第二十五卷第六期，臺北：哲學與文化月刊社雜誌社，1998 年。

17. 蔡仁厚：〈宋明理學與當代新儒家的對比及其前瞻〉，刊於《南昌大學學報》（人社版）第三十五卷第二期，江西：南昌大學，2004 年 5 月。

四、會議論文

1. 王祥齡：〈荀子哲學的近代化特徵〉，編錄於《荀子思想的當代價值國際學術研討會會議論文集》，臨沂：山東大學，2007 年 8 月 6 日。

2. 劉文銘：〈當代新荀學的基本理念〉，編綠於《荀子思想的當代價值國際學術研討會會議論文集》，臨沂：山東大學，2007 年 8 月 6 日。

3. 蔡錦昌：〈「不若」說變成「基於」說——檢討台灣的荀子研究〉，編錄於《荀子研究的回顧與開創國際學術研討會會議論文集》，雲林：雲林科技大學漢學資料整理研究所，2006 年 2 月 18、19 日。

4. 鄭宰相：〈現代韓國學者荀子研究評述〉，編錄於《荀子研究的回顧與開創國際學術研討會會議論文》，雲林：雲林科技大學漢學資料整理研究所，2006 年。

5. 潘小慧：〈德行倫理在中西〉，編錄於《第三個千禧年哲學的展望：基督宗教學與中華文化的交談會議論文集》，臺北：輔仁大學出版社，2002 年。

五、學位論文

1. 田富美：《清代荀子學研究》，臺北：國立政治大學中國文學系博士論文，2005 年。

2. 夏長樸：《兩漢儒學研究》，臺北：國立政治大學中國文學系碩士論文，1973 年。

六、外文著作

1. Alasdair MacIntyre, *After Virtue*, Indiana: University of Notre Dame, 1984.

2. Aristolte, *Nicomachean Ethics*, translated by Terence Irwin, Terence Irwin, 1985.

3. Aristotle, *Nicomachean Ethics*, translated and edited by Roger Crisp, New York: Cambridge University, 2000.

4. Daniel Statman ed., *Virtue Ethics-A Critical Reader*, Edinburgh: Edinburgh University Press, 1997.

5. Jonathan W. Schofer, "Virtue in Xunzi's Thought", *Journal of Religious Ethics* 21-1, 1993.